La Scène française en Russie

TROIS

COMÉDIES

PAR

ALFRED DE COURTOIS

PARIS

SE TROUVE A LA LIBRAIRIE DES AUTEURS

M DCCC LXXVI

TROIS

COMÉDIES REPRÉSENTÉES

SUR LE THÉATRE IMPÉRIAL MICHEL

A SAINT-PÉTERSBOURG

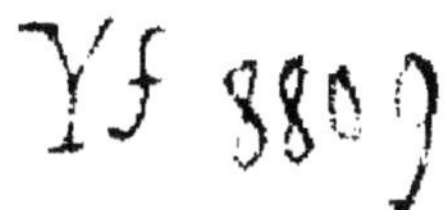

JUSTIFICATION DU TIRAGE :

—

2 exemplaires sur parchemin.
8   —   sur papier de Chine.
130   —   sur papier vergé.

Tous les exemplaires sont numérotés

N°

ALFRED DE COURTOIS

LA
SCÈNE FRANÇAISE
EN RUSSIE

TROIS COMÉDIES REPRÉSENTÉES

SUR LE THÉATRE IMPÉRIAL MICHEL

A Saint-Pétersbourg

SE TROUVE A PARIS

A LA LIBRAIRIE DES AUTEURS

M DCCC LXVI
Sous réserve de tous les droits

INTRODUCTION

Les trois modestes comédies réunies dans ce recueil ont été représentées sur le théâtre impérial Michel, à Saint-Pétersbourg. Grâce aux excellents et dévoués interprètes, grâce à l'indulgence du public pour l'auteur, elles furent accueillies non sans faveur. Qu'on pardonne à l'auteur de rappeler ce souvenir : il lui est occasion de témoigner une fois encore, aux uns et aux autres, sa gratitude sincère et persistante.

Il pleut, bergère... *et* la Guerre du Mari *sont inédits en France.* L'Égoïsme à deux *a été publié dans* l'Artiste, *livraison d'octobre* 1856. *Avant d'affronter le feu de la rampe du théâtre Michel, cette petite pièce avait eu la double bonne fortune d'être jouée sur la scène particulière de S. A. I. M*^{me} *la grande-duchesse Catherine de Russie et d'être jouée par M*^{me} *Madeleine Brohan.*

IL PLEUT, BERGÈRE...

Comédie en un acte

Représentée pour la première fois à Saint-Pétersbourg, sur le
théâtre impérial Michel, le 6/18 octobre 1857.

PERSONNAGES :

ALPHONSE.	MM. Deschamps.
BENOIT, portier.	Alix.
MATHILDE.	Mlle Mila.

La scène se passe à Paris.

IL PLEUT, BERGÈRE...

Le théâtre représente une porte cochère, vue de la cour. Un des deux battants de la porte est ouvert. A droite, la loge du portier; à gauche, l'entrée de l'escalier de la maison.

SCÈNE PREMIÈRE.

BENOIT, appuyé sur son balai.

'on dirait qu'il va faire de l'orage. Le temps est d'un lourd!... (*Il pose son balai et tire son mouchoir de la poche de devant de son tablier, et en même temps une lettre.*) Ah! cette lettre pour M. Alphonse. Je l'avais totalement oubliée... Elle est pressée, excessivement pressée, m'a dit d'une voix flûtée la petite bonne qui l'apporta... Je la lui offrirai quand il descendra. Une lettre n'est jamais pressée pour un concierge. Je n'ai point encore achevé le journal du premier...

SCÈNE II.

ALPHONSE, BENOIT.

ALPHONSE, de la porte de l'escalier.

Benoît !

BENOIT.

Monsieur ?

ALPHONSE.

Il n'y a rien pour moi ?

BENOIT.

Pardon ! une lettre, que je me hâtais de monter à monsieur.

ALPHONSE, prenant la lettre et en regardant la suscription.

Une lettre de Juliette ! Que veut dire ?

Il l'ouvre et lit :

« Ne venez ni aujourd'hui ni demain. Vous ne me trouveriez pas. Je vais à la campagne, et, comme Malborough, ne sais quand reviendrai. Adieu, vous avez trop d'esprit pour ne pas comprendre. Adieu !

« *Votre amie* JULIETTE. »

(Pendant qu'Alphonse lit, Benoît est rentré dans sa loge.)

ALPHONSE seul.

Votre amie, soulignée... (*Froissant la lettre.*) Je comprends, je comprends à merveille. Il n'y a pas à s'y tromper, en effet ; et il est impossible de mettre plus nettement quelqu'un à la porte de son cœur. On ne me fait même pas la grâce de me donner un motif... Mais pourquoi ce congé ?... Les cheminées ne tombent pas d'elles-mêmes sur la tête des passants. Il y a une raison d'être à toute chose, même aux caprices d'une femme. Fou que je suis !... Elle ne m'aime plus... M'a-t-elle jamais aimé ? Ce n'était qu'une coquette et je devrais me féliciter... Je me féliciterai... plus tard. C'est dur à passer, ce premier moment ! Quel parti prendre ? (*Il réfléchit.*) Si j'allais chez Victor lui conter mon malheur ? Ça ne l'amusera pas, ce garçon ; mais ça me fera du bien.

BENOIT.

Monsieur Alphonse !

ALPHONSE.

Quoi encore ?

BENOIT.

Monsieur veut-il que j'aille lui chercher son parapluie ?

ALPHONSE.

Inutile !

BENOIT.

Mais il fait de l'orage.

ALPHONSE.

C'est parbleu vrai ! Il pleut à torrents ! Rien n'y manque... Renvoyé, chassé, jeté à la rue, et un jour de pluie encore...

(Il remonte chez lui.)

SCÈNE III.

BENOIT, puis MATHILDE.

BENOIT.

Qu'a donc monsieur Alphonse? Il paraît tout chose...

MATHILDE, entrant vivement de la rue.

Quelle averse! Ça a-t-il le sens commun, je vous le demande, une pluie pareille au mois de juillet? Et naturellement pas moyen de trouver une voiture. Je dois être bien arrangée.

BENOIT.

Madame demande quelqu'un?

MATHILDE.

Non, personne.

BENOIT.

Madame cherche peut-être un appartement? J'en ai un très-joli avec deux entrées indépendantes... (*Avec intention*), et par conséquent deux sorties également indépendantes.

MATHILDE.

Merci! J'ai été surprise par la pluie, et, si vous le permettez, j'attendrai ici qu'elle soit passée.

BENOIT.

Comment donc! Mais, en attendant, madame pourrait toujours visiter l'appartement...

MATHILDE.

Merci ! merci !

SCÈNE IV.

Pendant les derniers mots de Mathilde, Alphonse est apparu sur les marches de l'escalier, un parapluie sous le bras. Mathilde descend la scène, Benoît la remonte et rencontre Alphonse.

ALPHONSE à Benoît.

Avec qui causez-vous là ?

BENOIT.

Je n'ai point l'avantage de connaître cette dame ; la pluie, m'a-t-elle dit, l'a fait se réfugier ici.

MATHILDE, se retournant et apercevant Alphonse.

Je ne me trompe pas.... C'est Alphonse... Quelle rencontre !

Elle baisse précipitamment son voile.)

ALPHONSE, l'observant.

Tournure élégante ! Bien chaussée, bien gantée ! Elle doit être jolie. Si je lui parlais ? Pourquoi pas ? c'est un moyen comme un autre de passer le temps. Je causerai avec elle tant qu'il pleuvra, et, quand il ne pleuvra plus, je lui offrirai mon parapluie... (*Il s'approche d'elle, le chapeau à la main.*) Excusez-moi, madame, d'oser vous parler sans avoir eu l'honneur de vous être présenté, mais la similitude de nos situations vous fera, je l'espère, passer par-dessus cette formalité britannique.

MATHILDE.

Monsieur! (*Elle salue. — A part.*) Il ne m'a pas reconnue!

ALPHONSE.

Madame! (*Il salue.*) L'histoire des prisonniers célèbres assure que ces infortunés trouvaient un adoucissement à leur sort en apprivoisant des rats ou des araignées. Cette maison est trop bien tenue pour offrir ce genre de distraction. D'ailleurs ils étaient seuls; nous sommes deux, et comme nous ne nous sommes jamais vus, les petites histoires que nous allons nous raconter auront, on peut l'espérer, au moins le mérite de la nouveauté.

MATHILDE.

Monsieur!

(Elle salue.)

ALPHONSE.

Madame! (*Il salue.*) C'est convenu, vous voulez bien m'écouter?

MATHILDE.

Il me serait, je crois, difficile de faire autrement.

ALPHONSE.

Commençons par le commencement. Quel temps, madame!

MATHILDE.

Affreux, monsieur! Quelle pluie insupportable!

ALPHONSE.

Arrêtez, arrêtez, je vous en conjure. Ne dites pas trop de mal de la pluie. Je la bénis, moi, non que je sois agriculteur; mais n'est-ce point à elle que je dois l'heureuse occasion de cette rencontre? Je solliciterais même un déluge (*A part*), et qu'elle ôte son voile.

MATHILDE.

Vous avez des places dans l'arche de Noé?

ALPHONSE, riant.

Des billets de faveur... (*Mathilde bat la mesure avec sa main sur son bras.*) Vous jouez du piano?

MATHILDE.

Non, monsieur.

(Elle frappe du pied.)

ALPHONSE.

De l'orgue, peut-être? (*A part.*) La persistance de son voile m'alarme.

MATHILDE.

Non, monsieur.

ALPHONSE.

Vous êtes impatiente ?

MATHILDE.

Non, monsieur, très-patiente évidemment.

ALPHONSE.

Votre pied, charmant du reste, semblait trahir
ce sentiment. (*A part.*) Son voile, lui, ne trahit
rien. (*Haut.*) Vous êtes pressée, attendue, sans
doute ?

MATHILDE.

Oui, monsieur.

ALPHONSE.

La vie se passe à attendre et à être attendu.
Mais je n'ai jamais compris pourquoi l'on affublait
de housses les fauteuils neufs, tandis que l'on lais-
sait les vieux découverts. C'est le contraire qui
serait le plus raisonnable, ne trouvez-vous pas ?
(*A part.*) Elle reste muette, allons, elle est
laide et âgée. Je vais lui offrir mon parapluie.
(*Il s'avance vers Mathilde, et s'arrête tout à coup.*)
(*Haut.*) Vous savez l'aventure de Mme Cornuel ?

MATHILDE.

Vaguement.

ALPHONSE.

Mme Cornuel rentrait un soir ; elle était seule.
Deux hommes la suivent. Mme Cornuel avait une
jolie taille, — comme vous, madame, — elle
avait aussi un voile, toujours comme vous.
Les deux hommes se rapprochent et se dispo-
sent à l'aborder. Mme Cornuel ne se trouble pas,
elle va droit à une lanterne, lève son voile, et se
tournant vers ses persécuteurs : « Voyez, dit-
elle, j'ai soixante ans ! »

MATHILDE, levant son voile et souriant.

Bonjour, Alphonse. Comment vous portez-vous ?

ALPHONSE la regarde un instant, puis s'écrie :

Est-ce bien vous (*Il lui prend la main*), Mathilde ?

BENOIT.

Comme il y va ! Il lui prend la main. (*Alphonse baise la main de Mathilde.*) Il la lui baise. Oh ! et le propriétaire !

ALPHONSE.

Chère, chère Mathilde !...

MATHILDE.

Madame Grandois, s'il vous plaît !

ALPHONSE.

Et pourquoi faut-il que ça me plaise ?

MATHILDE.

Parce que je suis mariée.

ALPHONSE.

Vraiment !

MATHILDE.

Est-ce une exclamation ?

ALPHONSE.

Les modistes se marient donc ?

MATHILDE.

Plutôt deux fois qu'une... débitent les mé-
chantes langues.

ALPHONSE.

M. le maire était de la fête?

MATHILDE.

Lui et son écharpe.

ALPHONSE.

Et depuis quand avez-vous fait la connaissance de ce fonctionnaire ?

MATHILDE.

Depuis trois ans. Vous vous le rappelez peut-
être : après bien des hésitations de ma part,
bien des serments de la vôtre, j'avais prêté une
oreille imprudente à ce que vous nommiez votre
amour ; je vous crus sincère, l'étant moi-même.
Mon erreur fut de courte durée.

ALPHONSE.

Mais, pendant une année...

MATHILDE.

Trahie par vous, je souffris beaucoup d'a
bord...

ALPHONSE.

Ce ne fut pas ma faute. Des circonstances...

MATHILDE.

Il y a toujours des circonstances atténuantes

pour les grands coupables... Je ne récrimine pas. C'est passé, et, je le reconnais maintenant, je vous aimais trop pour ne pas bientôt vous lasser. Le premier amour ressemble à ces prodigues que la fortune grise et qui jettent étourdiment leur argent par les fenêtres. Un jour arrive où il ne leur reste plus qu'à prendre le même chemin que leur argent. Le saut m'effraya; mais la leçon ne fut pas perdue. Je jurai haine mortelle aux hommes...

ALPHONSE.

Et c'est pour cela que vous vous êtes mariée..

MATHILDE.

Une modiste ne manque pas de soupirants. Parmi eux, M. Grandois n'était ni le plus jeune, ni le plus beau, ni le plus aimable.

ALPHONSE.

Vous l'avez épousé cependant.

MATHILDE.

Ce fut le seul qui me le proposa.

ALPHONSE, riant.

Ah ! parfait...

MATHILDE.

Les honnêtes gens sont si rares !

ALPHONSE.

Je suis blessé !

(Il remet son chapeau.)

MATHILDE.

Couvrez-vous, je vous prie.

ALPHONSE.

Mille pardons !

(Il ôte son chapeau.)

MATHILDE.

Oh ! restez. Vous pourriez vous enrhumer.

ALPHONSE, saluant et remettant son chapeau sur sa tête.

Vous êtes heureuse ?

MATHILDE.

Sans aucun doute. Notre vie est modeste, mais tranquille et douce. Nous habitons Poitiers et ne sommes à Paris que de passage ; nous partons demain ou après.

ALPHONSE.

Si vite ! Et sans le hasard de cette pluie, je ne vous eusse point vue.

MATHILDE, avec un tendre comique.

Et vous en auriez eu grand chagrin, n'est-ce-pas ? (*Changeant de ton.*) Mais vous, qu'êtes-vous devenu depuis si longtemps ? Seriez-vous marié ?

ALPHONSE.

Pas tout à fait. Mais est-ce que j'en ai l'air ? Ce que c'est que d'être trompé ! on vous prend aussitôt pour un mari.

MATHILDE.

Vous avez été trompé, mon pauvre ami ?

ALPHONSE.

Trompé, trahi, abandonné, sacrifié...

MATHILDE, riant.

Oh ! la spirituelle femme qui vous a coupé le pont avant la retraite !

ALPHONSE.

Riez ! riez ! C'est généreux à vous !

MATHILDE.

Elle était jolie ?

ALPHONSE.

Quelle question ! Une femme laide ne quitte jamais. Elle est trop économe pour ça. Les jolies seules sont dépensières.. Vous devez être dépensière, vous...

MATHILDE.

Avare au possible !

ALPHONSE.

Vous êtes charmante.

MATHILDE.

Des compliments, à une ancienne amie !

ALPHONSE.

Savez-vous une chose ?

MATHILDE.

Voyons.

ALPHONSE.

Je suis prêt à pardonner mon infidèle...

MATHILDE.

Quelle grandeur d'âme...

ALPHONSE.

Et même à ne pas lui en vouloir...

MATHILDE.

C'est plus rare.

ALPHONSE.

Mais il faut que vous m'aidiez ..

MATHILDE.

Moi!... Comment cela?

ALPHONSE.

C'est facile. Me laisser vous aimer, et vous, m'aimer un peu.

MATHILDE.

Si facile que ça? Vous êtes trop généreux en vérité. Et mon mari, qu'en faites-vous?

ALPHONSE.

Ah! des gros mots tout de suite!...

MATHILDE.

Quel arrangeur vous êtes!

ALPHONSE.

Vous acceptez ?...

MATHILDE.

Vous êtes fou, je crois.

ALPHONSE.

C'est fait pour moi ! Vous aimez votre mari ?

MATHILDE.

Ce n'est pas de mon mari qu'il s'agit, mais de
vous, et vous...

ALPHONSE.

Et moi ?

MATHILDE.

Et vous je ne vous aime plus... d'amour au
moins, à parler franc...

ALPHONSE.

Oh ! ne parlez pas franc pour dire de ces choses-là ! Parlez turc, si vous voulez, je ne le
comprends pas. (*A lui-même.*) Et de deux. J'ai
de la chance aujourd'hui. (*A Mathilde.*) Comment,
vous ne sentez plus rien, mais là, rien du tout
pour moi ? Si nous cherchions un peu...

MATHILDE.

Inutile. L'arbre est sans feuilles; elles sont
toutes tombées, et le vent les a dispersées.

ALPHONSE.

Mais nous pourrions en rattraper quelques-

unes et en faire un petit feu de joie qui durerait
ce qu'il pourrait.

MATHILDE.

Et à quoi cela nous mènerait-il ?

ALPHONSE.

A nous rajeunir de quatre ans... C'est bien
quelque chose...

MATHILDE.

Le cœur ne rajeunit jamais ; c'est déjà beaucoup s'il ne vieillit pas.

ALPHONSE.

Nous reverrions ces sentiers charmants où s'é-
garèrent nos premières illusions.

MATHILDE.

Elles se sont si bien égarées, qu'elles doivent
être perdues à l'heure qu'il est. Nous ne les re-
trouverions plus, soyez sûr...

ALPHONSE.

Mathilde, vous aimez quelqu'un ?

MATHILDE.

Parce que je ne vous aime pas ? Belle conclu-
sion !

ALPHONSE.

Vous l'avouez, vous aimez...

MATHILDE.

Oui, j'aime mon mari et jamais je ne l'offen-
serai volontairement. Mais il ne pleut plus, ce
me semble ?

ALPHONSE , piqué.

La pluie redouble au contraire... Vous ne
pouvez penser à partir encore... Mais j'y songe,
vous devez être fatiguée ?

MATHILDE.

Un peu lasse... j'en conviens.

ALPHONSE.

Oh ! pardon. Benoît !

SCÈNE V.

BENOIT, ALPHONSE et MATHILDE.

BENOIT.

Monsieur a sonné ?

ALPHONSE.

Apportez une chaise à madame.

BENOIT, revenant avec une chaise.

Voilà... (*A Mathilde.*) J'oserai assurer à madame qu'elle serait très-satisfaite de l'appartement que nous avons à louer. Si elle voulait le
visiter...

ALPHONSE, impatienté.

Mais puisqu'on vous a dit qu'on n'en voulait pas.

BENOIT.

Il y a deux entrées, c'est commode pour les sorties... (*Alphonse fait un geste d'impatience.*) Il suffit, je me retire... (*A part.*) Décidément, M. Alphonse a quelque chose.

SCÈNE VI.

ALPHONSE ET MATHILDE.

MATHILDE, assise.

Vous êtes fâché, Alphonse ?

ALPHONSE, feignant l'indifférence.

Pas le moins du monde.

MATHILDE.

Convenez-en. Je dérange vos petits calculs. Vous vous êtes dit : Voilà une femme qui me tombe du ciel, ramassons-la. Si elle ne me console pas tout à fait, elle m'empêchera au moins de me désespérer.

ALPHONSE, avec tendresse.

Mathilde, vous avez donc tout oublié ?

MATHILDE.

Il y a des choses qui ne peuvent malheureusement être oubliées, mais dont il faut se souvenir le moins possible.

ALPHONSE.

Vous êtes cruelle !

MATHILDE.

Non, mon ami, je suis raisonnable. Vous rappelez-vous ce seigneur de l'autre siècle qui mettait une veilleuse dans le poële de son antichambre pour faire croire qu'il y avait du feu ? Votre cœur a allumé sa veilleuse, voilà tout. (*Alphonse veut se récrier.*) Ne soufflez mot, vous l'éteindriez. Mais ce goût rétrospectif dont votre ennui et mes refus font tous les frais, ne l'appelez pas de l'amour. Vous aimez cette femme qui vous a quitté. En me faisant la cour, vous cherchez à vous prouver à vous-même qu'elle vous est indifférente. Votre amour-propre saigne, et vous me prendriez comme on prend du taffetas d'Angleterre, pour cicatriser la blessure...

ALPHONSE.

Je vous jure, Mathilde, que je n'aime plus... cette femme comme vous dites.

MATHILDE.

Des serments maintenant ! Voyez si j'ai tort.

ALPHONSE.

Quelle froideur ! Est-ce que je mérite un pareil traitement ?

MATHILDE.

C'est votre faute aussi ! Au lieu de vous réjouir

décemment de notre rencontre et de causer avec moi de bonne et franche amitié, vous gâtez tout par des exagérations... (*Se levant.*) Il ne pleut presque plus...

ALPHONSE.

Vous me quittez comme cela?

MATHILDE.

Mon Dieu oui, en m'en allant! C'est généralement ainsi que l'on se quitte.

ALPHONSE.

Je vous suis à Poitiers.

MATHILDE.

Les voyages sont salutaires dans votre situation. Mais Poitiers n'est pas assez loin. C'est aujourd'hui dimanche, allez à Asnières.

ALPHONSE.

Que faire, Mathilde, pour vous persuader que je vous aime... sérieusement ?

SCÈNE VII.

BENOIT, ALPHONSE et MATHILDE.

BENOIT, venant de la rue.

Monsieur Alphonse, une lettre pour vous…
très-pressée.

ALPHONSE.

Qu'est-ce encore ? *(Il prend la lettre. A Mathilde.)* Vous permettez ? *(Il ouvre la lettre et lit :)*
« Mon ami, oubliez la lettre de ce matin. J'étais
« jalouse, la jalousie me rendait injuste. Venez
« m'apporter votre pardon. » *(Alphonse, très-joyeux,
crie) :* Benoît ! Benoît ! allez me chercher une
voiture. Vite ! vite ! *(Benoit sort. Alphonse, à part.)*
Quel bonheur ! Juliette m'aime toujours. *(Apercevant Mathilde.)* Mathilde ! aïe !

SCÈNE VIII.

ALPHONSE et MATHILDE.

MATHILDE.

Vous allez sortir ?

ALPHONSE, embarrassé.

Mon Dieu oui, j'y suis obligé, et vous me voyez

désolé de vous quitter aussi brusquement. Mais
mon notaire m'écrit de venir chez lui sans
retard pour une affaire importante, très-impor-
tante...

MATHILDE.

Un rendez-vous ?

ALPHONSE.

Sans doute ! on appelle ça un rendez-vous ; la
langue française est si pauvre !

MATHILDE.

Alphonse, vous me trompez !

ALPHONSE.

Et dans quel but ? N'est-il pas tout simple que
mon notaire m'écrive ?

MATHILDE.

Cette lettre n'est pas de votre notaire.

ALPHONSE.

Voulez-vous la voir ?

MATHILDE.

Si je vous prenais au mot... Montrez-la...

ALPHONSE.

Quel enfantillage ! C'est un affreux grimoire
dont vous ne déchiffreriez pas une syllabe.

MATHILDE.

C'est mon affaire...

ALPHONSE.

Je ne demanderais pas mieux... Mais ce manque de confiance me blesse.

MATHILDE.

Ainsi, vous refusez ?

ALPHONSE, mettant la lettre dans sa poche.

Eh bien, oui.

MATHILDE.

Prenez garde ! Il est maladroit de ne pas satisfaire le premier caprice de la femme à qui l'on fait la cour... car vous me faites la cour... Mais je sais à quoi m'en tenir. Cette lettre est d'une femme.

ALPHONSE.

Et quand cela serait ? Vous vous en souciez fort peu, j'imagine.

MATHILDE.

Qu'en savez-vous ?

ALPHONSE.

Si vous m'aimiez, ce serait différent, mais vous ne m'aimez pas ; sans reproche, vous me l'avez assez dit. (*A part.*) Et je vous en remercie.

MATHILDE, avec coquetterie.

Ai-je dit cela... vraiment ?

ALPHONSE, *regardant si la voiture arrive.*

Dit et redit. (*A part.*) Si elle pouvait s'en aller.

MATHILDE.

Et vous m'avez crue sur parole? Mais ne savez-vous donc pas que les femmes ne sont jamais si près de dire oui que lorsqu'elles disent non?

ALPHONSE.

Le beau temps qu'il fait maintenant! Les trot-toirs sont déjà secs.

MATHILDE.

Le cruel! Il ne m'épargnera pas cet aveu! Il voit mon trouble, mon émotion, et il fait semblant de ne pas comprendre...

ALPHONSE.

Comprendre quoi? (*A part.*) Si elle pouvait s'en aller!

MATHILDE.

Pouvais-je rester insensible à cette voix touchante, à cette éloquence persuasive et vraie?

ALPHONSE, à part.

Ah çà! se moque-t-elle de moi?

MATHILDE.

Cette lettre, c'est une femme qui vous l'a écrite... une rivale... Mais vous n'irez pas à ce rendez-vous. Je saurai bien vous en empêcher.

ALPHONSE.

Je rêve, je crois. Que voulez-vous dire?... Est-ce que par hasard vous...

MATHILDE passionnée, mais toujours avec une nuance d'exagération comique.

En doutez-vous encore?

ALPHONSE.

Il ne manquait plus que ça !

(Il tombe accablé sur la chaise.)

MATHILDE.

Qu'avez-vous? Vous êtes pâle, muet. Ah! sans doute, la joie... la surprise...

ALPHONSE.

Oui, oui, la surprise... (*A part.*) Par où m'échapper?

MATHILDE.

La belle chose qu'un sentiment sincère; allons, remettez-vous! Je vous permets de me ramener chez moi, je vous présenterai à mon mari.

ALPHONSE.

Mais n'assuriez-vous pas que c'était impossible?

MATHILDE.

Et vous partirez demain avec nous... Suis-je bonne ?

ALPHONSE, à part.

Comment la désabuser ? Comment lui dire :
Mais je ne vous aime pas du tout ; j'aime l'autre,
elle m'attend... soyez donc assez aimable pour
vous en aller... Où me suis-je fourré ?

MATHILDE, changeant de ton et riant.

Ah ! la drôle de mine que vous faites !

ALPHONSE.

Celle d'un homme pénétré de reconnaissance
(*A part*) et de rage.

MATHILDE.

Et qui voudrait devenir ingrat. Avouez que
je vous fais une belle peur et que de grand cœur
vous m'envoyez à tous les... à mon mari ?

ALPHONSE.

Je crains en effet que M. Grandois ne s'in-
quiète de votre absence et n'en conçoive des
soupçons. Je serais désolé qu'il vous arrivât
quelque désagrément à cause de moi.

MATHILDE.

Votre sollicitude me touche... (*Riant*) aux
larmes. Mais ne vous creusez pas la tête à chercher le moyen d'aller...

ALPHONSE.

Chez mon notaire.

MATHILDE.

Chez votre notaire, assurément, chez tous les notaires de votre connaissance. Ne voyez-vous donc pas que ce n'était qu'une petite comédie que je jouais pour rire un peu à vos dépens et vous rendre la pareille ?...

ALPHONSE, se levant joyeux et s'écriant d'un ton comique :

Merci, mon Dieu !

MATHILDE.

Modérez votre joie, par convenance.

(Elle rit.)

ALPHONSE.

Faut-il vous le dire ? On m'écrit de venir, on m'aime toujours...

MATHILDE.

Qui? votre notaire?... (*Sérieuse.*) J'avais tout deviné. On ne nous trompe nous autres femmes que lorsque nous le voulons bien. Mais dites, Alphonse, si je vous avais écouté...

SCÈNE IX.

BENOIT, ALPHONSE ET MATHILDE.

BENOIT, arrivant tout essoufflé.

Monsieur Alphonse, la voiture est là.

MATHILDE.

Adieu, Alphonse.

ALPHONSE.

Adieu, Mathilde.

MATHILDE.

Proposez-moi de me reconduire... Soyez tranquille... je refuserai. (*Elle fait un pas en avant et s'arrête. A Alphonse.*) A propos, venez-vous toujours à Poitiers?

ALPHONSE.

Vous êtes adorable, et je ne vous oublierai jamais.

MATHILDE.

Oui, les jours de pluie !

La toile tombe.

LA GUERRE DU MARI

Comédie en un acte

Représentée pour la première fois à Saint-Pétersbourg, sur le
théâtre impérial Michel, le 11/23 janvier 1858.

PERSONNAGES

LE COMTE DE LANSAC . . . MM. Paul Bondois.
LE VICOMTE DE TERNON. Deschamps.
MADAME DE LANSAC. . . Mᵐᵉ Naptal-Arnault.
ROSE, femme de chambre.. . Mˡˡᵉ Théric.

La scène à la campagne, chez M. de Lansac.

LA GUERRE DU MARI

Le théâtre représente un salon de campagne. Porte dans le
fond donnant sur le jardin. Portes latérales. Fenêtres à
gauche et à droite de la porte du fond. Devant celle de
droite, jardinière garnie de fleurs. Devant celle de gauche,
un piano. A gauche un balcon praticable, avec rideaux. A
droite un canapé, une ombrelle sur le canapé, une table
avec ce qu'il faut pour écrire. Un vase vide sur la table.
Un guéridon au milieu de la scène. Chaises, fauteuils, etc.

SCÈNE PREMIÈRE.

TERNON, assis devant la table et relisant une lettre. Il la plie
et la met sous enveloppe.

Heureusement il n'y a pas de thermomètre
du cœur, et le style marque la tempé-
rature que l'on veut. Si Mme de Lansac n'est pas touchée par ces belles phra-
ses !... Je n'y résisterais pas, moi. (*Se levant.*)
J'étais venu ici sans préméditation. Mais les jolies
femmes font pousser l'amour comme le soleil les

fleurs, à la campagne surtout, avec cette vie intime et familière qu'elle autorise... Et Mme de Lansac a les plus beaux yeux du monde... Ce fut, si je m'en souviens bien, un mariage d'inclination. Mais trois ans de bonheur conjugal ont fait descendre peu à peu Lansac du sommet de la passion dans cette plaine monotone qui a nom l'habitude. Il aime toujours sa femme, mais à son aise, sans se gêner. Il vit sur le passé, oubliant qu'avec les femmes le moment présent importe seul. C'est encore un avare, mais un avare qui néglige de compter son trésor. Pendant ce temps, Louise, restée sur le sommet en question, se dépite de ce quasi abandon. Elle est triste, elle s'ennuie... elle est à point pour une déclaration... (*Montrant la lettre*) et la voilà... Comment la lui faire parvenir? (*S'approchant de la table.*) Ce livre qu'elle lit, ce panier à ouvrage?... Ce sont les petits bureaux de poste de l'amour... mais le hasard en est trop souvent le facteur... (*Venant sur le devant de la scène.*) Cherchons.

SCÈNE II.

TERNON, ROSE.

ROSE, entrant par la porte du fond.

Où madame a-t-elle pu laisser son ombrelle?

TERNON, sans l'apercevoir.

C'est ça! J'ai trouvé.

ROSE, s'approchant.

Vous avez trouvé l'ombrelle de madame ?

TERNON.

Qui parle d'ombrelle ? (*Se retournant et voyant Rose.*) Ah ! c'est vous. Vous ne pouviez arriver plus à propos. Mademoiselle ?...

ROSE.

Rose, pour vous servir.

TERNON.

Pour me servir... bien vrai et en tout ?

ROSE, riant.

Tout est bien grand.

TERNON.

Savez-vous, mademoiselle Rose, que vous êtes fraîche et jolie comme votre nom ?

ROSE, avec coquetterie.

Ah ! monsieur, ménagez la modestie d'une honnête fille.

TERNON.

Fraîche, jolie et spirituelle, je le parierais..

ROSE.

On pourrait faire un plus méchant pari.

TERNON.

Mademoiselle Rose pour me servir, si j'avais un service à vous demander ?

ROSE.

Monsieur le vicomte jette ses compliments par les fenêtres, mais il entend qu'on les ramasse.

TERNON.

Eh bien ?

ROSE.

Une honnête fille n'a que sa parole.

TERNON.

Vous consentez ?

ROSE.

Voyons d'abord.

TERNON.

Rien de plus simple. Remettre cette lettre à votre maîtresse.

ROSE.

Oh ! volontiers... Madame est justement dans le jardin avec monsieur, et je cours...

TERNON.

Mademoiselle Rose, j'ai parié que vous étiez fille d'esprit, voudriez-vous me faire perdre ?

ROSE.

Je ne m'en consolerais de la vie.

TERNON, lui donnant la lettre et lui glissant en même
temps deux louis dans la main.

J'ai gagné alors.

ROSE.

Monsieur le vicomte affranchit !

TERNON.

Ne faites pas attention. C'est une habitude
anglaise. Au revoir !

(Il s'éloigne en mettant un doigt sur sa bouche.)

SCÈNE III.

ROSE, tenant la lettre d'une main et les louis de l'autre.

Voilà une lettre qui vaut son pesant d'or. (*Elle
met les louis dans sa poche et regarde la lettre.*)
Tiens, M. de Ternon a oublié de la cacheter; si
l'on était curieuse... Après ça, il n'y a pas besoin
d'être sorcière pour deviner ce qu'un jeune
homme écrit à une jolie femme. Ce n'est sûrement pas pour lui demander des nouvelles de son
mari... Acquittons-nous de notre commission.

(Elle sort en courant, et heurte, à la porte du
fond, M. de Lansac)

SCÈNE IV.

ROSE, LANSAC.

LANSAC.

Prenez donc garde !

ROSE.

Monsieur !

(Elle se trouble et cache derrière son dos la main qui tient la lettre.)

LANSAC.

Où courez-vous ainsi comme un ouragan ?

ROSE, vite.

Je portais à madame son ombrelle.

LANSAC, riant.

C'est bien à vous, mais ce n'est point une raison pour renverser les gens.

ROSE.

Je suis confuse...

LANSAC.

Ce n'est rien. *(S'approchant du canapé.)* Mais où avez-vous la tête, ma pauvre fille ? La voilà, l'ombrelle de madame, là, sur le canapé.

ROSE, avec un rire forcé.

Dans ma précipitation, je l'oubliais...

LANSAC.

Tenez !

'Il lui donne l'ombrelle ; Rose la prend, et, en la prenant, elle veut
mettre la lettre dans sa poche et la laisse tomber. Elle sort en
courant.)

SCÈNE V.

LANSAC.

Rose ! Rose ! vous perdez quelque chose. Elle
ne m'entend pas. (*Il ramasse la lettre.*) Une lettre !
De quelque amoureux sans doute. Rose est jolie
fille. (*Regardant la suscription.*) Madame de Lansac ! Cette lettre est pour ma femme. Que veut
dire? Mais je connais cette écriture, c'est celle de
Ternon... Ternon écrit à ma femme une lettre
que laisse tomber Mlle Rose... Qu'est-ce
que cela signifie? Voyons ! voyons ! serais-je
jaloux? Moi? allons donc ! Louise, ma femme,
Ternon, mon ami ! Eh parbleu ! c'est toujours votre femme et le plus souvent c'est votre ami qui...
Allons donc ! c'est absurde ce que je dis là. Ils
veulent me faire une surprise... Je me méfie
pourtant des surprises qu'on ménage aux maris.
Si je lisais? Lire une lettre qui ne m'est pas adres
sée .. briser un cachet... (*Retournant la lettre.*)
Ah ! elle n'est pas cachetée !

(Il hésite un moment, ouvre la lettre et lit.

« Madame,

« Je tremble en traçant ces lignes. Si vous
ne savez déjà ce qu'elles veulent vous apprendre, ne seront-elles pas inutiles? Longtemps je
vous ai crue heureuse, et mon cœur gardait son
secret. Mais vous souffrez... oh! ne le niez pas,
et mon cœur vient à vous. Il n'ose vous demander de l'aimer; permettez-lui de vous dire qu'il
vous aime.

« TERNON. »

Je respire! Le roman n'en est qu'à la préface;
j'arrive à temps. Je puis le confesser tout bas...
j'avais bien un peu peur. Hein! invitez donc les
gens à venir vous voir à la campagne. Ternon,
un ami de dix ans!... Et moi qui croyais que
le mariage c'était la paix... Mari que j'étais!
Le mari d'une jolie femme est en guerre avec le
genre humain. Il ne peut faire un pas sans se
heurter à des célibataires embusqués à tous les
coins pour le dévaliser. Ce monsieur qui le salue gracieusement, cet autre qui rit de ses mauvais bons mots, qui flatte ses manies, ce Ternon
qui vient le visiter à la campagne : amis de Damoclès, toujours suspendus sur sa tête... Mais
quel parti prendre? Brûler ce billet? Les billets
amoureux ressemblent trop au phénix. Le rendre
à Ternon, faire du bruit, du scandale?... Non,
non, le mal n'est pas encore si grand, Dieu
merci! qu'il faille employer les remèdes déses-
pérés... Et pourtant mon bon ami Ternon mérite

une leçon (*Réfléchissant*), et il l'aura. Je suis seul. Rose est avec ma femme au fond du jardin... j'ai le temps. (*Il s'assied devant la table, copie la lettre de Ternon, met cette copie sous la même enveloppe et la lettre dans sa poche. Tout en écrivant :*) Je garde l'original, Louise n'aura que la copie. Je déguise mon écriture, elle ne pourra la reconnaître... (*Se levant.*) Maintenant remettons la lettre à sa place. Mademoiselle Rose, quand elle s'apercevra qu'elle ne l'a plus, viendra sûrement la chercher ici. Qu'elle la trouve. Les maris sont aveugles... c'est classique. Je n'ai rien vu... Ah! Rose!...

(Il sort par la porte de gauche.)

SCÈNE VI.

ROSE, entrant par la porte du fond et cherchant de tous côtés.

Étourdie que je suis! Où ai-je pu égarer cette maudite lettre ?... Je la cherche partout. Ce monsieur de Lansac avait bien besoin aussi de venir! Il m'a fait une frayeur! Si la lettre n'est pas ici!... (*Apercevant la lettre.*) Ah! la voici! (*Elle la prend et la met vivement dans sa poche.*) Quelle chance que monsieur ne l'ait point aperçue!... Il y a un dieu pour les amoureux!

(Elle sort.)

SCÈNE VII.

LANSAC, puis TERNON.

LANSAC, entrant aussitôt la sortie de Rose.

Rose a pris la lettre... c'est très-bien !... Elle
va la remettre à ma femme... c'est au mieux...
J'ai mon plan, et je le crois bon. Je joue gros
jeu peut-être, mais c'est le moyen le plus sûr
pour gagner... Voici Ternon, de Damoclès...
Dissimulons.

TERNON, à part.

Lansac ici ! (*Haut.*) Je te croyais dans tes
champs, monsieur le grand agriculteur.

LANSAC, à part.

Je le gêne. (*Haut.*) J'en viens et j'y retourne.
Mais sais-tu que je me reproche de te faire si mal
les honneurs de chez moi... Je te laisse seul des
journées entières...

TERNON.

Ne t'occupe pas de moi, je t'en prie. Chacun
a ses affaires, et entre amis doit-on se gêner ?

LANSAC.

C'est justement pour eux qu'on devrait le
faire... Tu m'excuses donc ?

TERNON.

Je t'excuse et t'encourage. Va, sors, rentre, fais comme chez toi.

LANSAC.

Tu m'ôtes tout scrupule. Ce cher et bon Ternon, un ami si ancien, si dévoué...

TERNON.

Un ami de dix ans.

LANSAC.

Oh ! le temps ne fait rien à l'affaire. Mais je cause...

TERNON.

Que je ne te retienne pas...

LANSAC, à part.

Il me renvoie. (*Haut.*) Je ne te propose pas de m'accompagner ?

TERNON.

Tu sais que je suis un vrai campagnard d'opéra-comique.

LANSAC.

Je me sauve. A propos, as-tu vu ma femme ?

TERNON.

Pas depuis ce matin.

LANSAC.

Tiens-lui compagnie pendant mon absence...

TERNON.

Je n'y manquerai pas. (*A part.*) Je le soufflerais qu'il ne dirait pas mieux. Si jamais celui-là se doute de quelque chose?...

LANSAC.

Au revoir! (*A part.*) S'il savait que j'ai sa lettre dans ma poche!...

(Il sort)

SCÈNE VIII.

TERNON, puis ROSE.

TERNON.

Ces maris n'ont pas le moindre tact. Ils vous témoignent une amitié, une confiance... Ça en devient embarrassant.

ROSE.

(Cette scène doit être parlée vite.)

Monsieur de Ternon?

TERNON.

Rose! Eh bien, vous avez remis?

ROSE.

Oui!

TERNON.

On a lu?

ROSE.

Oui.

TERNON.

On n'a rien dit ?

ROSE.

Non.

TERNON.

Et quel air avait-on ?

ROSE.

Mais, l'air qu'on a lorsqu'on reçoit une lettre.

TERNON.

Vous me comprenez ?... Avait-on l'air.. fâché ?

ROSE.

Fâché ? non. Étonné, peut-être !

TERNON, à part.

Tout va à merveille !

ROSE, à part.

Il est tout à fait inutile de lui dire que j'ai commencé par perdre sa lettre.

TERNON.

Et où est votre maîtresse ?

ROSE.

Dans le jardin. Je crois qu'elle vient ici...

TERNON, se parlant à lui-même.

Il vaut mieux que Mme de Lansac ne me trouve pas tout de suite. Une première lettre d'amour effraye toujours un peu une femme. C'est comme une première bataille pour un soldat. Il faut lui laisser le temps de se remettre.

(Il sort.)

SCÈNE IX.

ROSE, Mme DE LANSAC.

Mme DE LANSAC, de la coulisse.

Vous êtes là, Rose ?

(Elle entre, son ombrelle renversée et remplie de fleurs. Elle s'approche de la table et y jette les fleurs. Elle donne l'ombrelle à Rose, et s'occupe à mettre les fleurs dans le vase.)

ROSE, à part.

A quel jeu jouent-ils donc ? L'un s'en va quand l'autre arrive.

Mme DE LANSAC.

Rose, baissez ce rideau... Ce soleil est insupportable.

ROSE, après avoir baissé les rideaux du balcon placé à gauche, revient près de Mme de Lansac.

Madame n'a besoin de rien autre ?

Mme DE LANSAC.

Merci. (*Rose s'éloigne.*) Ah! Rose, monsieur est-il à la maison?

ROSE.

Non, madame, il vient de sortir.

Mme DE LANSAC.

C'est bien; allez! (*Rose sort.*) Seule! toujours seule! Quelle vie que la mienne! Il passe toutes ses journées dehors; il s'occupe de ses bois, de ses champs, de ses affaires. Il s'occupe de tout, excepté de sa femme. Le soir, quand il rentre, il me parle de ses arbres, comme si ça pouvait m'intéresser... des arbres... D'abord je les déteste. Puis il est fatigué; il a sommeil, il dort... Quelle différence avec autrefois! Nous passions six mois à Paris, nous allions aux eaux, aux bains de mer. Maintenant il me fait rester les trois quarts de l'année dans cette ennuyeuse terre. Il m'y enterrera bientôt toute vive... S'il m'aimait, encore!... Mais il ne m'aime plus, il n'aime rien. (*Ironiquement.*) C'est le modèle des maris; il ne me donne même pas la distraction d'être jalouse... Je suis vraiment bien malheureuse... Il faut que cela soit, puisque les autres s'en aperçoivent. M. de Ternon qui est ici depuis huit jours, l'a vu tout de suite... il m'écrit... Qui eût dit, il y a trois ans, que la conduite de mon mari autoriserait un jour les gens à me parler d'amour... Il a de l'esprit, M. de Ternon,

il est gai... il me fait rire... Si je ne m'ennuyais
pas tant, comme sa lettre m'eût fâchée... (*Sérieusement.*) Je la lui rendrai... Je ne veux encou-
rager en rien ce badinage... Il ne peut être sérieux de sa part, il entendra facilement raison.
M. de Ternon m'amuse, mais voilà tout. J'aime
mon mari. Ses torts ne doivent pas diminuer
mon affection. Il brise mon cœur, mais les morceaux sont encore à lui. Ah! pourquoi cette
cruelle indifférence de sa part! pourquoi n'est-il
plus comme autrefois!

(Elle prend un livre et lit.)

SCÈNE X.

Mme DE LANSAC, TERNON, puis LANSAC.

TERNON, à part.

Elle paraît rêveuse... Femme qui rêve attend
une réalité.

(Il s'approche.)

Mme DE LANSAC, à part

C'est lui!

TERNON.

Vous étiez ici ?

Mme DE LANSAC, posant son livre

Je rentre à l'instant.

TERNON.

Vous avez fait une longue promenade?

Mme DE LANSAC.

Comme à l'ordinaire.

TERNON.

Vous êtes une marcheuse intrépide.

Mme DE LANSAC.

Intrépide, non! mais à la campagne il faut
bien faire quelque chose...

TERNON.

On devient Juif errant malgré soi! Ce pays,
du reste, est charmant : de beaux sites, des
montagnes, des bois superbes.

Mme DE LANSAC, à part.

Oh! mon Dieu, lui aussi va me parler des
arbres... Ça se gagne. (*Haut.*) Vous aimez les
bois?

TERNON.

Énormément... quand il fait soleil. Et vous,
la campagne vous plaît-elle?

Mme DE LANSAC.

Certainement, elle plaît beaucoup à M. de
Lansac.

TERNON, à part

Je comprends. (*Haut.*) C'est singulier! Autrefois il ne pouvait la souffrir.

Mᵐᵉ DE LANSAC.

C'était une grande passion qui commençait

TERNON.

Le fait est que c'est devenu une véritable rage... *(Il s'approche de la table et entr'ouvre le livre que lisait Mᵐᵉ de Lansac.)* Que lisiez-vous là ?...

Mᵐᵉ DE LANSAC.

Un livre impatientant, avec lequel je voulais me brouiller...

TERNON.

Brouillez-vous tout de suite. Il faut être sans miséricorde pour ce qui ennuie.

Mᵐᵉ DE LANSAC, prenant une tapisserie.

Avec les livres... c'est facile... mais avec les gens... cela mènerait bien loin.

TERNON.

Jamais assez loin, les ennuyeux vous rattrapent toujours.

Mᵐᵉ DE LANSAC, à part.

Il ne me parle pas de sa lettre... Comment la lui rendre ?

TERNON.

Vous brodez ?

Mᵐᵉ DE LANSAC.

Je ne brode pas, je fais de la tapisserie, si vous le permettez.

TERNON, riant.

Je le permets. C'est un bonnet pour votre mari?

Mᵐᵉ DE LANSAC.

Non, c'est un coussin pour mon chien. (*Tout en faisant de la tapisserie, elle compte.*) Un, deux, trois.

TERNON.

Et vous le lui offrirez pour sa fête, parce qu'il a été bien sage.

Mᵐᵉ DE LANSAC.

Vous n'y êtes pas. C'est pour l'empêcher de monter sur les meubles. Un, deux, trois.

TERNON.

Pardon. Lorsqu'on fait de la tapisserie, même pour son chien, est-ce qu'il faut absolument compter comme ça : un, deux, trois?...

Mᵐᵉ DE LANSAC.

C'est indispensable ; mais l'on va quelquefois jusqu'à cinq.

TERNON.

Ah ! l'on va jusqu'à cinq... C'est bien différent ! (*A part.*) Allez donc dire à une femme qui compte un, deux, trois : Madame, je vous aime. Ça dérangerait son arithmétique.

(Il s'assied près de la table et prend un livre.)

5.

LANSAC, *écartant doucement le rideau du balcon.*

Je fais un joli métier depuis ce matin. J'ouvre les lettres, j'écoute aux portes. Ce n'est pas que je sois jaloux, au moins... J'ai toute confiance en ma femme...

TERNON, *interrompant sa lecture.*

Eh bien ! vous aviez tort.

Mme DE LANSAC, *posant son ouvrage.*

Tort... envers qui donc ?

TERNON.

Envers ce livre... il est très-attachant...

Mme DE LANSAC.

Vous êtes indulgent. C'est toujours l'éternelle histoire de cet éternel jeune homme qui se dit amoureux depuis la création du monde.

TERNON.

Avouez qu'il y met au moins de la persévérance. Mais celui-ci est digne d'intérêt. Son sentiment paraît sincère.

Mme DE LANSAC, *à part.*

Il parle de lui. (*Haut.*) Vous voulez rire. Vous autres hommes vous êtes un peu les commis voyageurs des sentiments sincères. Vous en offrez à tout le monde le prospectus. Mais la vérité ne sort pas pour cela de son puits, ou ne fait que de fausses sorties comme au théâtre.

TERNON, continuant à feuilleter le livre.

Ah! le pauvre garçon, comme on le traite rudement.

Mᵐᵉ DE LANSAC.

Rassurez-vous, il se consolera.

TERNON, fermant le livre

Et s'il ne se console pas?

Mᵐᵉ DE LANSAC.

Laissez donc! Il va s'en aller ailleurs, son petit prospectus à la main.

TERNON.

Madame, ne croiriez-vous pas à l'amour?

Mᵐᵉ DE LANSAC.

Hélas! les femmes n'ont que trop de dispositions à la crédulité.

TERNON.

C'est-à-dire que vous doutez de l'amour chez les hommes.

Mᵐᵉ DE LANSAC.

Et vous?

TERNON.

Oh! moi, j'y crois.

Mme DE LANSAC.

Les hommes ne veulent jamais être de bonne foi là-dessus. Ils se prétendent amoureux...

TERNON.

Ils le sont parfois réellement.

Mme DE LANSAC.

Oui, comme le Gascon de l'ancienne comédie qui, à force de raconter des batailles imaginaires, en arrivait à se figurer y avoir assisté.

TERNON, à part.

C'est très-encourageant ce qu'elle me dit là !

LANSAC.

Elle va très-bien.

Mme DE LANSAC.

Puis, quand ils sont fatigués de ce labeur, car mentir est un effort, ils se marient pour se reposer. Le monde n'a plus rien à leur apprendre, ils ferment le livre ; Paris les a lassés, ils viennent s'établir à la campagne, et leur femme est bien heureuse.

LANSAC.

Aïe ! Qu'entends-je ?

TERNON, à part.

Elle y arrive. (*Haut.*) Ne se marierait-on que

par égoïsme? Il y a cependant des mariages d'amour?

LANSAC.

Comme le nôtre... Que va-t-elle répondre?

Mme DE LANSAC.

Les mariages d'amour? Ce sont peut-être les pires. Ça commence très-bien... trop bien... C'est comme un feu d'artifice, les fusées se croisent, les soleils tournent, le bouquet éclate... La pauvre femme est éblouie... et l'obscurité survient tout à coup.

LANSAC.

Quelle lumière pour moi !

TERNON.

Mais cette femme tombée du paradis de ses illusions et encore toute froissée de la chute rencontre une main qui cherche la sienne; une voix murmure doucement à son oreille : « Ne pleure pas ; n'aie plus de craintes. C'est par le cœur que tu as souffert, c'est par le cœur que tu seras guérie. Aime encore, aime toujours ; l'amour lui seul sait fermer les blessures qu'il a faites lui-même.»

Mme DE LANSAC.

Que voulez-vous dire?

TERNON.

J'ai tout deviné, madame, vos luttes, vos

souffrances et cette angélique résignation qui est
votre courage à vous autres femmes.

Il lui prend la main.)

Mme DE LANSAC.

Ne réveillez pas ces échos du passé.

LANSAC.

J'en sais assez...

Il disparaît.

TERNON.

Oh ! laissez-moi parler... Ce secret, voilà trop
longtemps qu'il m'étouffe, qu'il brûle mes lèvres.
Laissez-moi vous dire combien je vous aime, et
qu'il faut que vous m'aimiez....

Mme DE LANSAC, retirant sa main.

Taisez-vous ! taisez-vous ! On vient.

SCÈNE XI.

M. DE TERNON, Mme DE LANSAC,

M. DE LANSAC.

LANSAC, entrant par la porte du fond, comme un homme qui
a marché vite.

Ouf ! je n'en puis plus !

Mme DE LANSAC, à part.

Mon mari !

TERNON, à part.

Lansac ! De quoi se mêle-t-il ?

LANSAC.

Vous êtes étonnés de me revoir sitôt ?

Mme DE LANSAC, embarrassée.

Étonnés, mais pourquoi ? (*A part.*) Je suis toute tremblante.

TERNON.

Étonnés, sans doute... Ordinairement tu ne rentres...

LANSAC.

Que plus tard, c'est vrai. (*A part.*) Ils sont comme pétrifiés : la tête de Méduse devait-être une tête de mari. (*Haut.*) Eh ! je vous dérange peut-être... Que faisiez-vous ?

Mme DE LANSAC.

Nous...

TERNON.

Nous...

LANSAC, à part.

Venons à leur secours. (*Haut.*) Vous lisiez ?

TERNON.

Justement !

LANSAC.

Et, comme un maladroit, je vous interromps au moment le plus intéressant sans doute...

Mᵐᵉ DE LANSAC, à part.

Il me fait frémir.

TERNON, à part.

Il ne croit pas dire si juste.

LANSAC.

Voici mon excuse. Je m'en allais tranquillement à mes champs. A moitié chemin, je me rappelle tout à coup avoir donné pour aujourd'hui congé à mes gens. Ma course devenait inutile, et je revenais un peu penaud. Je trouve un journal dans ma poche, je l'ouvre machinalement, et je tombe sur un feuilleton...

TERNON.

Tu ne t'es pas blessé?

LANSAC.

Mauvais plaisant! (*Continuant.*) Sur un feuilleton daté de Bade et qui en fait une description ravissante. Il paraît que la saison est des plus brillantes. On danse, on joue la comédie... enfin l'on s'amuse extrêmement. (*A Ternon.*) Tu connais Bade?

TERNON.

Naturellement. (*A part.*) Où veut-il en venir?

LANSAC.

Mais ni ma femme ni moi ne le connaissons, et j'en suis tout honteux. Aussitôt une idée m'a passé par la tête et j'accours vous en faire part.

TERNON.

Nous sommes tout oreilles.

LANSAC.

Si nous allions à Bade?

TERNON, à part.

Diable! ceci ne fait pas mon affaire

LANSAC.

Eh bien, Loùise, que dites vous de ce projet?

Mme DE LANSAC.

Il est... charmant.

LANSAC.

Comme vous l'accueillez froidement. Ah! si vous aviez lu mon feuilleton!

Mme DE LANSAC.

Mais, mon ami, je m'attendais si peu... Vous qui aimez tant la campagne, qui la préférez à toutes choses...

LANSAC.

On quitte ses meilleurs amis... On prétend même que l'amitié ne perd pas à ces absences.

Mme DE LANSAC.

Mais hier, quand je vous ai demandé d'aller
passer quelques jours chez les Beaupéan, ne
m'avez-vous pas répondu que des affaires im-
portantes exigeaient votre présence ici ?

LANSAC, à part.

Elle veut rester. Serais-je plus menacé que je
ne le croyais ? (*A Louise.*) C'est vrai, ma chère
amie, j'ai des affaires... Dans mon enthousiasme,
je les oubliais, et je vous remercie de m'en faire
souvenir.

Mme DE LANSAC.

Vous voyez bien que votre projet est irréali-
sable !

LANSAC.

Mais pas le moins du monde.

Mme DE LANSAC.

Je ne puis pourtant pas aller seule à Bade ?

LANSAC.

Il y a moyen de tout arranger ; mais pour
cela il faudrait que Ternon nous vînt en aide.

TERNON.

Moi ?... tout à tes ordres, mon très-cher...

LANSAC.

J'y compte bien. Je ne puis conduire ma

femme à Bade : toi, tu es libre de ton temps, accompagne-la !

Mme DE LANSAC, à part.

Que dit-il?

TERNON.

Moi? (*A part.*) Ce n'est pas l'amour, ce sont les maris qui ont un bandeau sur les yeux.

LANSAC.

Ça te dérange... Pardonne mon indiscrétion.

TERNON, avec empressement.

Mais au contraire. (*Se reprenant.*) Je veux dire que je serais trop heureux de t'être bon à quelque chose, et si madame veut bien de moi pour compagnon de voyage...

Mme DE LANSAC.

Monsieur... (*A part.*) Il ose accepter...

LANSAC.

Elle accepte! elle accepte! Cet excellent Ternon! Je n'oublierai jamais une telle preuve d'amitié! Mais il ne faut pas laisser aux dévouements le temps de se refroidir. Quand partez-vous?

Mme DE LANSAC.

Mais...

LANSAC.

Pourquoi pas demain?

Mme DE LANSAC.

Demain ? (*A part.*) Je rêve, ce départ ne peut avoir lieu.

LANSAC.

Et dans huit jours je vous rejoindrai... Allons ! est-ce convenu ?

TERNON.

C'est convenu ; mais...

LANSAC.

Des obstacles ! Je suis comme Guzman, je n'en connais pas.

TERNON, à part.

Il les enlève. (*Haut.*) J'avais promis à Boisjourdain d'aller le voir. Je vais lui écrire pour me dégager.

LANSAC.

C'est ça, écris à Boisjourdain et fais-lui mes compliments. Mais dépêche-toi ; tu as juste le temps pour l'heure de la poste.

TERNON.

Deux mots à écrire seulement.

(Il sort.)

SCÈNE XII.

Mme DE LANSAC, LANSAC.

LANSAC, à part.

Non, c'est impossible! Louise ne peut aimer Ternon... Un seul instant n'efface pas trois années de bonheur et d'amour... (*S'approchant de Louise, qui est assise.*) Eh bien, Louise, vous n'appelez pas Rose pour préparer vos robes, vos chapeaux! Il faut être belle à Bade.

Mme DE LANSAC, se levant.

Charles, est-ce sérieusement que vous parlez?

LANSAC.

Il faut toujours parler sérieusement lorsqu'il s'agit de plaisir... Et j'espère que ce voyage en sera un pour vous.

Mme DE LANSAC.

Et sérieusement vous voulez que je le fasse avec M. de Ternon?

LANSAC.

Pourquoi non? Ternon est mon ami, un ami sincère...

Mme DE LANSAC, avec un peu d'ironie.

Très-sincère, en effet...

LANSAC.

Je ne vous le fais pas dire. Je ne puis vous accompagner, il me remplace, quoi de plus simple?

Mme DE LANSAC, même ton.

Rien de plus simple assurément. M. de Ternon vous remplacera tant que vous voudrez... il est si obligeant! Mais enfin, M. de Ternon est un jeune homme.

LANSAC.

Je le crois comme vous.

Mme DE LANSAC.

Et vous trouvez tout simple, tout naturel, que votre femme, une jeune femme, jolie peut-être, aille courir les grandes routes avec un jeune homme qui n'est ni son frère ni même son parent?

LANSAC.

Et où est le mal?

Mme DE LANSAC, impatientée.

Il n'y a pas de mal, il y a plus, il y a certaines convenances... et l'opinion du monde...

LANSAC

L'opinion du monde, c'est le Croquemitaine des grandes personnes. Si on l'écoutait, on s'enfermerait entre quatre murs... et encore... D'ailleurs elle n'a rien à faire ici, et le monde tient bien trop à ses dents pour les user à mordre là où il n'est pas certain de déchirer.

Mᵐᵉ DE LANSAC, très-piquée.

Vous avez réponse à tout. Je n'insiste plus. C'est bien, j'irai à Bade avec M. de Ternon, puisque vous l'exigez. (*A part.*) Je ne puis pourtant pas lui dire que M. de Ternon me fait la cour...

LANSAC, à part.

Elle est outrée... Elle m'aime encore.

Mᵐᵉ DE LANSAC.

Charles, vous ne m'aimez plus !

LANSAC.

Vous ne pensez pas ce que vous dites là. Ce serait trop injuste !

Mᵐᵉ DE LANSAC.

Ah ! je le vois bien...

LANSAC.

De quoi suis-je coupable ?

Mᵐᵉ DE LANSAC.

Je vous préférerais coupable, car alors je pourrais vous pardonner, au lieu que...

LANSAC.

Mais qu'ai-je donc fait?

Mme DE LANSAC.

Rien et tout. Vous le savez bien! Vous ne m'aimez plus comme autrefois...

LANSAC.

Et comment est-ce que j'aimais autrefois?

Mme DE LANSAC.

Vous l'avez oublié? je m'en souviens... moi... C'étaient des attentions, des prévenances, des soins pleins de délicatesse, des riens auxquels nous autres femmes nous sommes si sensibles. C'était de l'amour, et maintenant...

LANSAC.

Et maintenant?...

Mme DE LANSAC.

Maintenant... Ah! vous m'aimiez si bien...

LANSAC.

Louise, ma chère Louise, ne parlez pas ainsi! Vos accusations me désespèrent. Je vous aime comme autrefois, j'en prends le ciel à témoin... Ma conscience, mon cœur, ne me reprochent rien...

Mᵐᵉ DE LANSAC

Ah! Charles, autrefois m'eussiez-vous proposé d'aller à Bade sans vous?

LANSAC.

Et si je l'ai fait, n'est-ce pas dans une bonne intention? (*Il la fait asseoir sur le canapé.*) Depuis trop longtemps vous menez une vie bien sévère. Je vous ai arrachée brusquement à Paris au commencement de l'hiver, à l'aurore des bals et des fêtes, pour venir habiter la campagne. Jamais une plainte n'est sortie de vos lèvres. Vous voyant si résignée, je croyais presque que vous compreniez le motif de ma conduite.

Mᵐᵉ DE LANSAC.

Ce motif, pourquoi l'avoir caché?

LANSAC.

C'était assez déjà de vous faire renoncer aux plaisirs de votre âge et de notre position, sans aller encore vous parler de mes ennuis. Mais je vous dirai tout aujourd'hui. Mon silence n'a peut-être que trop duré.

(Il s'asseoit près d'elle sur le canapé.)

Mᵐᵉ DE LANSAC.

Oh! parlez! parlez!

LANSAC.

Les femmes, ma chère amie, ne voient la

vie qu'à travers leur cœur ou leur imagination. Quand nous nous mariâmes, nos affaires étaient embarrassées, nos terres mal administrées. Je n'y pris point garde d'abord. Mais le désordre devint si grand qu'il fallut, bon gré, mal gré, m'apercevoir un jour que si je ne me décidais pas à prendre un parti, notre fortune entière pouvait être compromise. C'est alors que nous vînmes nous établir ici.

Mme DE LANSAC.

Et je n'ai rien su deviner !

LANSAC.

Je m'absorbais tout entier dans ces malencontreuses affaires, tant j'avais hâte de les terminer. Aussi ai-je dû vous paraître souvent égoïste, désagréable, que sais-je, moi ?

Mme DE LANSAC.

Oh ! mon ami.

LANSAC.

Je reconnais mes torts... ils étaient réels... Vous en savez maintenant la cause... Me direz-vous encore ces odieuses paroles de tout à l'heure (*A voix basse*), que je ne t'aime plus... (*Haut.*) Me pardonnerez-vous ?

Mme DE LANSAC.

C'est moi qui suis coupable, moi qui ai pu douter de vous...

LANSAC.

J'étais donc bien maussade ?

Mme DE LANSAC.

Maussade... non...

LANSAC.

Avouez-le, j'étais un véritable ours bon à expédier au jardin des plantes.

Mme DE LANSAC.

Pire que cela...

LANSAC.

Pire qu'un ours... (*Riant.*) Vous m'effrayez.

Mme DE LANSAC.

Je vous croyais indifférent... (*Un peu confuse*) et j'en étais si malheureuse...

LANSAC.

Mauvaise enfant ! En m'occupant de nos affaires, n'était-ce pas de vous aussi que je m'occupais ?

Mme DE LANSAC.

Mais vous ne le disiez pas.

LANSAC.

J'aurais dû le faire, ne grondez plus.

Mme DE LANSAC.

Vous m'aviez tant gâtée, que vous m'aviez
donné le droit d'être exigeante.

LANSAC.

Je réparerai le temps perdu. (*Il lui baise la
main.*) Croyez-vous que je ne souffrais pas, moi
aussi ? Mais l'épreuve touche à sa fin. J'ai tout
arrangé, tout remis en ordre ; encore quelques
jours de patience et nous serons libres.

Mme DE LANSAC.

Vous ne me parlerez plus de vos vilains arbres ?

LANSAC.

Nous irons nous asseoir à leurs pieds et nous
ne parlerons que de notre amour.

Mme DE LANSAC.

Ne leur dites pas au moins ma jalousie !

LANSAC.

Chère femme, tu m'aimes donc toujours ?

Mme DE LANSAC.

Et toi ?

LANSAC.

Comme le premier jour.

Mme DE LANSAC.

Que je suis contente ! Si j'osais, je vous em-
brasserais...

LANSAC.

Moi, je l'ose !

(Il l'embrasse.)

Ternon entre en ce moment par la porte du fond.

SCÈNE XIII.

Mme DE LANSAC, LANSAC, TERNON,
PUIS ROSE.

TERNON, à part.

Agréable spectacle pour moi ! Ces maris ont des mœurs déplorables ! Ils embrassent leurs femmes comme s'ils en avaient le droit.

(Il s'avance.)

LANSAC.

Ternon! (*A part.*) Il a tout vu, il en verra bien d'autres.

Mme DE LANSAC.

M. de Ternon! (*A Lansac.*) Je l'avais oublié.

LANSAC, à part.

Pas moi! (*A Ternon.*) Eh   ien, mon cher?

TERNON.

Ma lettre est écrite et je suis prêt à partir quand Mme de Lansac le voudra.

LANSAC.

On n'est pas plus empressé que Ternon... n'est-ce pas, Louise?... Mais je ne sais si je dois accepter ta proposition.

TERNON.

Tu plaisantes, je crois. On dirait que tu veux me faire un mérite d'une chose qui est un honneur et un plaisir pour moi.

LANSAC.

Tu as les façons d'obliger les plus aimables du monde, et avec toi l'indiscrétion n'existe pas.

ROSE, entrant par le fond.

Monsieur !

LANSAC.

Que voulez-vous?

ROSE.

Le régisseur attend monsieur le comte.

LANSAC.

C'est vrai... J'y vais'... (*A Ternon.*) Tu permets ?

TERNON.

Comment donc! (*Lansac va vers la table et y cherche quelques papiers. — Ternon s'approche de Rose et à demi-voix :*) Merci, Rose!

ROSE.

Merci de quoi?

TERNON.

Tu n'as pas besoin de comprendre!

ROSE.

Il me tutoie...

LANSAC, sortant.

Je reviens à l'instant...

ROSE, riant.

Ah! ah! je devine.

TERNON.

Puisque tu devines... va-t'en vite... (*Il lui serre la main*) Merci! encore...

ROSE.

Je m'en vas... (*Montrant sa main vide.*) C'est égal, il remerciait mieux ce matin.

(Elle sort.)

SCÈNE XIV.

Mme DE LANSAC, TERNON.

TERNON, s'approchant vivement de Louise.

Qu'il me tardait d'être seul avec vous et de vous dire tout mon bonheur de ce voyage.

Mme DE LANSAC, se levant, à part.

Il faut en finir. (*Haut.*) Monsieur de Ternon, vous m'avez écrit ce matin ?

TERNON.

J'ai osé vous écrire que...

Mme DE LANSAC.

Vous m'aimiez... J'aurais le droit d'être offensée et de vous demander si quelque chose en ma conduite vous devait autoriser à un aveu qui, s'il peut paraître à certaines femmes un *compliment*, pour d'autres est presque un outrage... Mais je serai généreuse et dirai simplement : j'aime mon mari.

TERNON.

Qu'entends-je ?

Mme DE LANSAC.

Voici votre lettre... Reprenez-la. J'oublierai que vous l'avez écrite, mais qu'il ne soit plus question de rien. Mon pardon est à ce prix.

(Elle lui tend la lettre.)

TERNON.

Il faut que je la reprenne?...

Mme DE LANSAC.

N'insistez pas, je vous prie.

TERNON, la prenant.

Pauvre petite lettre, si bien l'écho de mon cœur, c'est là le cas qu'on fait de toi. On te repousse... Ah! madame, vous êtes sans pitié.

(Il tombe accablé sur le canapé.)

Mme DE LANSAC.

Il semble ému. Serait-il sincère? Pauvre garçon! J'ai peut-être été un peu dure dans la forme.

TERNON, à part

Voilà bien les femmes!... La vertu les prend comme la fièvre intermittente.

SCÈNE XV.

Mᵐᵉ DE LANSAC, TERNON, LANSAC.

LANSAC.

Grande nouvelle, mes amis, grande nouvelle!

Mᵐᵉ DE LANSAC.

Qu'est-il donc arrivé?

TERNON.

Tu as été médaillé au comice agricole? Permets que je te félicite...

LANSAC.

Il s'agit bien de comice! Mon régisseur vient de me dire que ma présence ici n'était pas aussi nécessaire que je le croyais tantôt. Il me donne vacance.

Mᵐᵉ DE LANSAC.

Et...

LANSAC.

Vous ne comprenez pas? Je viens avec vous à Bade.

TERNON, à part

Patatras!

Mme DE LANSAC, *joyeuse.*

Bien vrai ? Oh! l'excellente nouvelle !

TERNON, *à Lansac.*

Ton régisseur est la grâce même de vouloir bien se passer de toi. (*A part.*) Je m'en passerais encore plus volontiers.

LANSAC.

Comme je me réjouis de faire un peu l'école buissonnière ! Dis, Ternon, toi, un habitué de Bade, tu nous piloteras...

TERNON.

Certainement. (*A part.*) Ce sera gai !

LANSAC.

Tu nous feras voir les curiosités... Je t'avertis que je suis très-badaud...

TERNON.

Je te ferai visiter les monuments de l'endroit : la roulette, le trente et quarante. (*A part.*) Je tâcherai de l'y perdre.

LANSAC, *à part.*

Il est furieux. (*Haut.*) Prends garde ! Tu t'engages peut-être beaucoup, et je crains qu'une fois à Bade tes promesses ne te coûtent à remplir.

TERNON.

Et pourquoi?

LANSAC.

Tu trouveras là-bas des hommes, des femmes, de jolies femmes de ta connaissance, et tu abandonneras bien vite des campagnards tels que nous.

TERNON.

Quelle idée!

LANSAC.

Je te connais, mon gaillard! les maris n'auront qu'à se bien tenir. Mais tu me raconteras tes conquêtes.

TERNON.

Mes conquêtes?...

LANSAC.

Comme autrefois, lorsque j'étais garçon. Quel mauvais sujet tu faisais! que de victimes...

TERNON.

Mais, mon cher, songe que Mme de Lansac est là, et que cette conversation...

Mme DE LANSAC, assise au piano.

Je n'écoute pas..

LANSAC, à part.

Mais elle entend. (*A Ternon.*) Tu m'honorais des fonctions de confident... moi et bien d'autres du reste... car tu n'as jamais précisément brillé par la discrétion, et tu aimais assez à être toi-même l'Homère de tes Iliades.

TERNON.

Mais... (*A part.*) Il m'agace horriblement.. et je ne puis rien dire, c'est le mari.

LANSAC.

Te souviens-tu de la baronne ?

TERNON.

Quelle baronne ?

LANSAC.

Cette baronne blonde, avec des yeux bleus ?

TERNON.

Les blondes ont quelquefois des yeux bleus, même quand elles sont baronnes. Mais je ne me souviens pas du tout de qui tu veux parler...

LANSAC.

Tu sais bien cette baronne sentimentale, toujours en quête de myosotis et à laquelle, perverti par tes exemples, je m'avisai un beau jour de vouloir faire la cour.

TERNON.

Ah! oui, cette blonde dont tu étais si amoureux, amoureux comme un fou. (*A part.*) Je ne
me la rappelle pas le moins du monde... mais je
le paye avec sa monnaie.

LANSAC.

Tu veux dire que c'était folie à moi... (*Bas.*)
Modère-toi, songe que ma femme est là...

TERNON.

Mais puisqu'elle n'écoute pas.

LANSAC.

C'est juste. Je cherchais un moyen de propo-
ser à cette belle naturaliste d'aller cueillir ses
petites fleurs ensemble... Tu me conseillas de
lui écrire... Autre embarras... Ne sachant comment tourner la chose, je m'adressai à toi, vu
ta grande habitude, et tu me dictas une lettre...

TERNON.

Je t'ai dicté une lettre? (*A part.*) Ah! c'est trop
fort!

LANSAC.

Tu fus une providence pour moi! Tu me com-
muniquas la circulaire qui te servait en pareille
occasion, m'assurant qu'elle n'avait jamais
manqué son effet.

TERNON.

Si je comprends un mot...

LANSAC.

Fais donc l'ignorant ! A moins que tu n'aies
changé ton protocole. L'ancien pourtant avait du
bon. Ca commençait... Aide-moi donc !... Ah !
j'y suis... « Madame. Je tremble en traçant ces
lignes. » On ne tremble pas du tout, mais ça ne
gâte rien de le faire croire.

Mme DE LANSAC, à part.

Que dit-il là ?

TERNON, à part.

Je commence à avoir peur.

LANSAC, lisant.

« Je tremble en traçant ces lignes. Si vous ne
savez déjà ce qu'elles veulent vous apprendre ,
ne seront-elles pas inutiles? » — Hein ! est-ce
assez adroit? « Longtemps je vous ai crue heureuse, et mon cœur gardait son secret ! Mais vous
souffrez...» Une femme à qui l'on fait la cour
doit toujours souffrir. Il faut bien lui donner un
prétexte à guérison. «Vous souffrez, oh ! ne le
niez pas ! etc., etc.» C'était à peu près ça, n'est-
ce pas? Ai-je bonne mémoire?

TERNON.

Oui, oui, en effet. (*A part.*) Il sait tout, mais
comment ?

Mme DE LANSAC, à part.

Sa lettre mot pour mot... Oh ! c'est indigne, et moi qui le plaignais...

LANSAC

Eh bien, qui le croirait? ce billet, un chef-d'œuvre, n'eut pas le moindre succès.

TERNON, contraint.

Hé ! hé ! (*A part.*) Il faut que Rose m'ait trahi !

ROSE, tenant un paquet de journaux à la main.

Le courrier vient d'arriver.

LANSAC.

Donnez! donnez! (*A part.*) Le coup a porté !

(Il va vers le fond de la scène et prend les lettres et journaux des mains de Rose. Il dit quelques mots à voix basse à Rose. Pendant ce jeu de scène, Ternon s'est approché de Mme de Lansac.)

TERNON.

De grâce, madame, ne croyez pas un mot à tout ceci. Je suis victime d'une trahison.

Mme DE LANSAC, très-froidement.

Je ne sais, monsieur, de quoi vous voulez parler.

Elle s'éloigne, Ternon la suit.)

TERNON.

Les apparences sont contre moi, mais je vous jure...

LANSAC, descendant la scène, à Louise.

Une lettre pour vous, Louise.

(Ternon remonte la scène et rencontre Rose.)

Mme DE LANSAC, prenant la lettre.

Ah ! de ma tante !

(Elle ouvre la lettre, Lansac près d'elle.)

TERNON, dans le fond de la scène, à Rose.

Rose, vous m'avez trahi.

ROSE.

Moi... mais j'ai remis la lettre à madame...

TERNON.

Oui, mais avant (*désignant Lansac*) il l'a lue...

ROSE.

Mais je vous jure...

TERNON.

Je vous dis qu'il l'a lue !

ROSE.

Il faut donc qu'il l'ait trouvée...

TERNON

Que voulez-vous dire ?...

(Scène muette entre Rose et Ternon.)

LANSAC, à sa femme.

Cette bonne tante! nous irons la voir cet automne.

TERNON, redescendant la scène.

Quelle fatalité !...

(Rose sort.)

LANSAC, allant vers Ternon un billet à la main.

Il y a aussi une lettre pour toi... du moins, je le suppose...

TERNON.

Pour moi? (*Il prend la lettre et l'ouvre. — A part.*) Ma lettre à Mme de Lansac... Mais alors celle qu'elle m'a remise... Je m'y perds... (*Il tire précipitamment de sa poche l'autre lettre.*) Une écriture qui n'est pas la mienne... celle de Lansac... Il savait tout depuis ce matin !

LANSAC, revenant vers Ternon.

Elle est bien à toi, n'est-ce pas ?

TERNON, à demi-voix, à Lansac.

Je n'essayerai ni de nier, ni de me justifier... Et je suis prêt à faire ce que vous exigerez de moi.

LANSAC.

Ah ! mon Dieu, quel ton tragique ! Tu as perdu une lettre ; je l'ai trouvée, je te la rends. Ça arrive tous les jours. (*Sérieux et à demi-voix.*) Seulement, une autre fois, tu seras peut-être moins distrait, et tu ne perdras plus ainsi tes lettres chez tes anciens et fidèles amis...

TERNON.

Tu es la générosité même, et...

LANSAC.

Chut !... (*Haut.*) Ah ! que c'est contrariant !

Mme DE LANSAC, se rapprochant.

Qu'avez-vous, mon ami ?

LANSAC.

Figurez-vous, ma chère, que Ternon me dit ne pouvoir venir à Bade avec nous...

Mme DE LANSAC.

Vraiment ! (*A part.*) Il se décide enfin !

LANSAC.

Il a reçu une lettre qui le rappelle à Paris. Il veut nous quitter ce soir même... (*A Ternon.*) Ne pourrais-tu pas au moins attendre jusqu'à demain ?

TERNON, à part.

Je comprends. (*Haut.*) Impossible. Le plus tôt que je serai en route vaudra le mieux.

LANSAC.

Nous ne tenterons pas de te retenir puisque tu es si décidé à nous quitter ; mais tu nous en vois très-malheureux... N'est-ce pas, Louise ?

Mme DE LANSAC.

Sans doute.

TERNON, saluant, à Lansac.

Peux-tu me prêter ta voiture pour me conduire à la station ?

ROSE, entrant.

La voiture est attelée.

TERNON, à part.

Il avait tout prévu. On n'est pas plus renvoyé que moi. (*Haut.*) Il ne me reste qu'à prendre congé de vous et à vous remercier de votre aimable accueil. Madame...(*Louise salue froidement. — Prenant la main de Lansac.*) Mon cher...

LANSAC.

Maudite affaire qui nous prive de toi...

TERNON.

Merci, mon ami, de la leçon... elle me profitera... (*A part.*) Une autre fois, je remettrai mes lettres moi-même.

LANSAC, à part.

Il ne se doutera jamais du service qu'il m'a rendu.

LANSAC. TERNON.

Adieu! adieu!

(Ternon sort.)

SCÈNE XVI.

Mᵐᵉ DE LANSAC, M. DE LANSAC.

LANSAC.

Chère Louise, doutez-vous toujours de moi?

Mᵐᵉ DE LANSAC.

Je suis guérie.

LANSAC.

Et plus jamais de méchants soupçons dans cette tête folle?

Mme DE LANSAC.

Plus jamais .. Mais, je vous en prie, n'ayez plus d'affaires.

LANSAC.

Car, avec les femmes, n'est-ce pas, même avec les meilleures, il ne suffit pas d'avoir gagné une fois leur cœur, il faut encore le mériter chaque jour.

(La toile tombe.)

L'ÉGOISME A DEUX

Comédie en un acte

Représentée pour la première fois à Saint-Pétersbourg, sur le
théâtre impérial Michel, le 21 / 3 octobre 1858.

PERSONNAGES

M. DE VERSOLS, secrétaire d'ambassade.   M. Deschamps,
Mme DE MERSAN, jeune veuve. . . .   Mme N.-Arnault.
Un domestique. . . . .   M. Henri.

La scène à Paris en 1855.

L'ÉGOISME A DEUX

Le théâtre représente un salon élégant. — A gauche, une cheminée. — Un canapé. — A droite, une table avec ce qu'il faut pour écrire. — Porte dans le fond. — Portes latérales. — Fauteuils. — Chaises.

SCÈNE PREMIÈRE.

(Mme de Mersan, en toilette de bal, est assise sur le canapé, à gauche. — Un guéridon près d'elle. — Une lampe allumée sur le guéridon. — Mme de Mersan lit.)

UN DOMESTIQUE, annonçant.

onsieur de Versols.

M. DE VERSOLS, sur le seuil de la porte du fond.

Vrai, je puis entrer? Je ne l'espérais qu'à demi!

Mme DE MERSAN, posant son livre et levant la tête

Et pourquoi? D'ordinaire suis-je tellement invisible?

M. DE VERSOLS, s'avançant.

N'allez-vous pas chez Mme de Vermont?

Mme DE MERSAN.

Sans doute !

M. DE VERSOLS.

Les soirs de bal une femme a tous les droits à être égoïste. Je dois vous déranger horriblement. Mais je serai indiscret avec discrétion. *(Il s'incline et lui serre la main.)* Vous allez bien, depuis hier?

Mme DE MERSAN.

Toujours un peu grippée.

M. DE VERSOLS.

Danser vous guérira.

Mme DE MERSAN.

Vous croyez?

M. DE VERSOLS.

J'en suis sûr. Pendant le carnaval les violons sont les meilleurs médecins, les plus écoutés au moins, les seuls dont on suive pas à pas les ordonnances... Faites-vous des visites avant le bal ?

Mme DE MERSAN.

J'en avais d'abord l'intention, mais, au dernier moment, le courage me manquera.

M. DE VERSOLS.

Je puis m'asseoir, alors?

Mme DE MERSAN.

Comment donc! Je vous en prie.

M. DE VERSOLS, s'asseyant.

Et vous me renverrez sans miséricorde?

Mme DE MERSAN.

C'est entendu.

M. DE VERSOLS.

Monsieur votre oncle vient vous prendre?

Mme DE MERSAN.

Au contraire, c'est moi qui l'enlève vers onze heures.

M. DE VERSOLS.

Il est très-mondain encore!

Mme DE MERSAN.

Oh! très-mondain... c'est pure complaisance de sa part. Il pousse la grandeur d'âme jusqu'à prétendre aimer beaucoup à sortir. Je fais semblant de le croire pour pouvoir le prendre au mot.

M. DE VERSOLS.

Vous avez raison. Il faut utiliser ses parents,

les oncles surtout. Ils sont les chiens d'aveugles-
nés de leurs nièces.

Mme DE MERSAN.

Lorsque les nièces sont comme moi de pau-
vres veuves. Mais vous aussi vous serez chez
Mme de Vermont, j'imagine?

M. DE VERSOLS.

Mon Dieu, oui !

Mme DE MERSAN.

De quel air désolé vous dites cela !

M. DE VERSOLS.

Est-ce que les bals vous amusent?

Mme DE MERSAN.

Mais le bal n'est pas fait pour amuser les
hommes.

M. DE VERSOLS.

C'est juste. (*Il se lève et va se placer devant la
cheminée.*) Vous lisiez lorsque je suis entré? (*Il
prend un livre entr'ouvert sur le guéridon et en regarde le titre.*) Le Péché de M. Antoine. Est-ce
bien ?

Mme DE MERSAN.

Ne me le demandez pas ! J'en suis outrée. Un
conte qui avait les dispositions les plus aimables

et dont le bon naturel est gâté comme à plaisir.
Connaissez-vous le livre?

M. DE VERSOLS.

Pas même de vue ! Je lis très-peu les romans :
lorsque je suis gai, ils me sont inutiles, et si je
suis triste, ils ne m'égayent plus.

Mme DE MERSAN.

Oh! mille pardons ! J'oubliais que vous êtes
bien trop grave pour vous plaire à ces lectures
frivoles.

M. DE VERSOLS.

Grave, pas le moins du monde ; mais je vous
avouerai qu'un long séjour en Allemagne m'a un
peu guéri des romans. En Allemagne, on mange
ou on rêve; choucroute ou myosotis, impossible
de sortir de là. Je me rappelle un Hanovrien de
mes amis dont la fiancée partait pour une longue
absence. Je le rencontrai revenant du chemin de
fer, naturellement il était désolé ; j'essayai quelques consolations ; tout à coup il s'écria : « Si
nous commandions un homard à la gelée de
groseille ? »

Mme DE MERSAN.

Vous refusâtes avec indignation?

M. DE VERSOLS.

J'acceptai, au contraire, et je dois convenir que
le homard se trouva parfait.

9

Mme DE MERSAN.

Savez-vous que vous êtes très-divertissant?

M. DE VERSOLS.

Je ne crois pas. Je suis très-triste.

Mme DE MERSAN.

Allons donc! Est-ce qu'un homme avoue jamais être triste? Ennuyé, à la bonne heure!

M. DE VERSOLS.

Très-triste, madame, et malheureusement j'ai sujet de l'être.

Mme DE MERSAN.

Voyons ce sujet?

M. DE VERSOLS.

C'est presque une visite d'adieux que je vous fais en ce moment.

Mme DE MERSAN.

Ah! bon Dieu! Arrivé de si peu, vous voulez déjà vous éloigner? Et pourquoi cette hâte? C'est plus que de l'indifférence pour vos compatriotes, c'est de l'ingratitude.

M. DE VERSOLS.

Je n'y songeais nullement, je vous assure. On ne m'a pas consulté, et dans quinze jours je dois être parti!

Mᵐᵉ DE MERSAN.

Bah ! vous ne l'êtes pas encore. Et où vous
envoie-t-on ? Retournez-vous en Allemagne dé-
jeuner avec votre ami le Hanovrien ?

M. DE VERSOLS.

Non, je vais en Italie !

Mᵐᵉ DE MERSAN.

Dans le pays où mûrit le citronnier ! Vous ver-
rez un soleil authentique ! Je ne vous plains pas
du tout. Et peut-être vous avez de l'avance-
ment ?

M. DE VERSOLS.

Je crois que j'ai été nommé premier secrétaire...

Mᵐᵉ DE MERSAN.

Et vous ne le dites pas tout de suite... Je vous
félicite sincèrement.

M. DE VERSOLS.

Ne me félicitez pas trop.

Mᵐᵉ DE MERSAN.

Quel singulier garçon vous faites ! Depuis votre
arrivée vous remuez ciel et terre — c'est vous
qui me l'avez dit — pour être nommé. Si un
autre au lieu de vous obtenait ce grade, vous
crieriez à l'injustice... L'on vous choisit, et vous
n'êtes pas content.

M. DE VERSOLS.

C'est vrai! vous avez raison... Mais quitte Paris. .

Mme DE MERSAN.

C'est le moyen de l'apprécier.

M. DE VERSOLS.

J'en savais un autre.

Mme DE MERSAN.

Alors il faut absolument gémir sur votre sort. Vous y tenez. Gémissons.

(Elle rit.)

M. DE VERSOLS.

Si j'osais vous le dire... Mais vous ne rirez pas de moi?...

Mme DE MERSAN, prenant son mouchoir.

Je me suis engagée à gémir !

M. DE VERSOLS.

Lorsque j'ai reçu mon ordre de départ, je me suis senti le cœur si gros que j'ai été sur le point de refuser.

Mme DE MERSAN.

Quelle exagération ! A quoi pensiez-vous ? Vous ne voulez donc plus devenir ambassadeur?

M. DE VERSOLS.

Je me croyais ambitieux pourtant.

Mᵐᵉ DE MERSAN.

Soyez tranquille, ça vous reviendra.

M. DE VERSOLS.

J'ai peur que non. Mon cœur ..

Mᵐᵉ DE MERSAN.

Vous abusez de votre cœur ! C'est votre cœur qui vous fait regretter Paris ! Passe encore si vous parliez de votre esprit !

M. DE VERSOLS.

Je parle sérieusement, madame.

Mᵐᵉ DE MERSAN.

Je n'en doute pas, monsieur. Ne vous fâchez pas ! Mais, puisque cœur il y a, qu'avez-vous donc fait jusqu'à présent de ce cœur si sensible pour qu'il se montre encore si exigeant ?

M. DE VERSOLS.

J'ai agi comme chacun. J'en ai jeté par toute sorte de fenêtres le plus possible Mais il paraît que la menue monnaie seule est partie et que l'or pur est resté.

Mᵐᵉ DE MERSAN.
Votre cœur débarque de la Californie ?

M. DE VERSOLS.

D'aussi loin, madame : des erreurs, des folies de la jeunesse. Autrefois, il m'était à peu près indifférent d'être ici ou ailleurs, de partir ou d'arriver. Heureuse insouciance dont je me faisais alors presque un crime et que je regrette aujourd'hui. Il vient un instant où le cœur ne veut plus battre au jour le jour, et c'est ailleurs qu'en Espagne qu'il bâtit ses châteaux.

Mme DE MERSAN.

Je vois ce que c'est, vous voudriez vous marier. Traduisez : **Je veux faire une fin.**

M. DE VERSOLS, reprenant.

Une fin...

Mme DE MERSAN.

Eh ! mon Dieu ! ne vous excusez pas ! c'est l'usage. Quand on a fait le tour du monde, il est bien permis de chercher le repos ; mais il est permis aussi de plaindre la jeune fille qui épousera ce Juif errant lassé. Pauvre fille, douce, simple, qui a toutes les ardeurs ignorantes, toutes les curiosités ingénues de la jeunesse. Que lui offre-t-on en échange ? Un cœur dont les morceaux épars sont recollés tant bien que mal pour la circonstance. Tenez, un homme blasé qui se marie, c'est un homme ruiné qu'on nomme ministre des finances. Il s'enrichira peut-être, mais enrichira-t-il l'État ?

M. DE VERSOLS (1).

« C'est prendre, madame, la question à un
« point de vue bien absolu. Mais en admettant
« votre théorie, voyons, franchement, est-il
« beaucoup plus sage d'unir deux jeunes gens
« qui en sont encore l'un et l'autre à épeler le
« livre de la vie? Ce sera un aveugle guidant
« un autre aveugle. Comment éviteront-ils le
« fossé? N'est-il pas préférable que l'homme
« connaisse d'avance le chemin et puisse éloi-
« gner des pieds délicats et hésitants de sa
« compagne les pierres de la route? Je ne parle
« pas de l'homme blasé, je parle de l'homme
« d'expérience.

Mme DE MERSAN.

« Expérience, voilà le grand mot! Mais cette
« expérience ne s'obtient pas gratis, et si le
« guide est plus sûr, certainement il sera moins
« aimant, moins sensible ; le nierez-vous ?

M. DE VERSOLS.

« C'est encore un préjugé. Croyez-vous qu'on
« ne sache aimer qu'à vingt ans ? A cet âge, on
« aime toutes les femmes, on aime le plaisir
« d'aimer, tout y est prétexte, tout y sollicite.
« C'est la maladie de Chérubin. Mais les folles
« amours, les frivoles liaisons lorsqu'on s'arrête

(1) Les passages entre guillemets sont supprimés à la représen-
tation.

« à temps, purifient et dégagent l'âme ; elles lui
« enseignent le prix du véritable amour. Au
« sortir de ces épreuves on devient, et alors
« seulement, capable de le ressentir ; on est déjà
« digne de l'inspirer. Que la femme à qui cet
« amour-là s'adresse l'écoute volontiers et s'y
« abandonne sans crainte ; qu'elle en soit fière
« même et s'en pare comme de son plus flat-
« teur triomphe, car ce sentiment est sincère,
« sérieux, réfléchi, absolu. Il n'a pas besoin de
« serment, il sait qu'il ne changera pas ; il ne
« promet rien, mais il donne sa vie. C'est la
« grande et noble figure de l'Amour, et non
« son masque barbouillé de fard et tacheté de
« mouches.

Mme DE MERSAN.

« Vous autres hommes, je le sais, vous atta-
« chez peu d'importance à votre passé ; mais aux
« femmes faites-vous la part aussi large, aussi
« facile ? Non, certes. Si la femme que vous ai-
« mez a des ombres dans sa vie, et qu'elle ait
« eu la loyauté imprudente de vous les laisser
« percer, vous ne lui épargnerez pas la torture
« de les lui rappeler et d'en faire bientôt la jus-
« tification de vos doutes et de vos défiances.

M. DE VERSOLS.

« Dites-vous bien ce que vous pensez, ma-
« dame ? En amour les rôles sont si dissembla-
« bles ! L'homme prend, la femme se donne ou

« se laisse prendre. De toutes nos maîtresses
« bien peu laissent en nous un sillon après elles,
« tandis que l'homme qui a été l'amant d'une
« femme conserve sur elle une influence qu'un
« autre amour n'effacera jamais entièrement.
« Cette jalousie du passé de la femme aimée
« s'explique donc si elle ne se justifie pas. »

UN DOMESTIQUE, entrant.

Le coiffeur de madame est là.

Mme DE MERSAN.

C'est bien. (*Le domestique sort. — Mme de
Mersan se lève.*) Vous permettez ?

M. DE VERSOLS.

Je me sauve. Les coiffeurs sont comme
Louis XIV, ils n'attendent pas. Adieu !

Mme DE MERSAN.

J'en ai pour cinq minutes. Simplement des
fleurs à mettre dans mes cheveux. C'est l'affaire
d'un instant. Restez si vous voulez !

M. DE VERSOLS.

Je n'osais vous le demander.

(Mme de Mersan sort.)

SCÈNE II.

M. DE VERSOLS, seul.

Je l'aime... C'est étrange, j'éprouve une sorte de volupté à dire ici, dans ce salon à elle, que je l'aime... Depuis trois mois je la vois sans cesse, elle me reçoit avec plaisir, avec une amitié presque tendre; mais l'amitié d'une femme aimable ne succédant à rien, c'est de l'amour qui a vieilli tout de suite sans avoir eu de jeunesse. Et cependant le temps presse; je vais partir. Cette indécision me tue, ce secret m'étouffe. Je l'aime... Il me semble que les échos le lui rapporteront... Mais lorsqu'elle sera là aurai-je le courage?

SCÈNE III.

Mme DE MERSAN, rentrant.

(Grande toilette; fleurs dans les cheveux; bouquet à la main.)

Je n'ai pas été longtemps, j'espère?

M. DE VERSOLS.

Je n'ai eu que le temps de penser à vous.

Mᵐᵉ DE MERSAN.

Comment trouvez-vous ma coiffure?

M. DE VERSOLS.

C'est un chef-d'œuvre.

Mᵐᵉ DE MERSAN.

Les hommes n'entendent rien à ces choses-là.
Et mon bouquet, que vous ne daignez pas remar-
quer !

M. DE VERSOLS, à part.

Qui a pu lui envoyer ce bouquet? (*Haut et
froidement.*) Il est très-joli.

Mᵐᵉ DE MERSAN.

Joli! dites donc adorable! Les muguets ne
sont-ils pas des fleurs rares au mois de janvier?

M. DE VERSOLS.

Ce n'est pas ce qui est rare qui est joli, c'est
ce qui est joli qui est rare. Vous comptez le me-
ner au bal?

Mᵐᵉ DE MERSAN.

Je le crois bien.

M. DE VERSOLS.

C'est gênant dans la foule.

Mᵐᵉ DE MERSAN.

Mon oncle serait charmé de votre apprécia-
tion.

M. DE VERSOLS.

M. de Morandy est l'auteur de ce bouquet?

Mme DE MERSAN.

Sans doute! Croyez-vous que ce soit le Grand Turc?

M. DE VERSOLS, *souriant, à part.*

A quoi pensai-je! (*Haut.*) Ce sont des muguets vraiment! Mais j'en raffole, et je leur fais toutes mes excuses.

Mme DE MERSAN.

Tenez, mettez-le sur la table... tout doucement, pour qu'il ne s'abîme pas.

M. DE VERSOLS.

Permettez-moi de le garder un instant. Soyez sans crainte, je serai respectueux. Vous portiez une fois un bouquet semblable à un bal chez madame votre mère. C'était avant votre mariage.

Mme DE MERSAN.

Vous avez une mémoire admirable.

M. DE VERSOLS.

Ce bal est une date dans ma vie; celle de ma première douleur. Le lendemain je m'éloignais de vous, de Paris veux-je dire, et pour long-temps. Comme aujourd'hui, vous aviez des mu-guets, et, vous faisant mes adieux, je vous en demandai une petite branche. J'y attachais une idée superstitieuse. On ne refuse pas à ceux qui partent... on n'a pas à craindre leur reconnais· sance. Eh bien ! vous m'avez refusé.

Mme DE MERSAN.

On n'a pas idée d'une cruauté pareille !

M. DE VERSOLS.

Mais je désirais trop cette branche de muguet pour ne pas parvenir à l'avoir.

Mme DE MERSAN.

Je ne vous la donnai pas cependant.

M. DE VERSOLS.

Ah ! vous vous souvenez de cette circonstance. Mais pendant une valse vous laissâtes imprudemment votre bouquet sans défense, et j'en abusai.

Mme DE MERSAN.

Vous savez le dicton : bien mal acquis ne profite pas.

M. DE VERSOLS.

Ce que vous dites est cruel; mon talisman sera, je le crains, toujours sans effet, je le garde cependant.

Il met la main sur son cœur.)

Mᵐᵉ DE MERSAN.

Il y a des porte-monnaie, on inventera des porte-espérance.

M. DE VERSOLS.

Quels charmants bals que ceux de madame votre mère ! Comme l'on s'y amusait ! C'était le bon temps alors ; vous sortiez à peine du couvent et moi je m'efforçais d'être sérieux.

Mᵐᵉ DE MERSAN.

Et maintenant nous cherchons à être gais.

M DE VERSOLS.

Savez-vous que nous sommes de vieilles connaissances ?

Mᵐᵉ DE MERSAN.

En êtes-vous fâché ?

M. DE VERSOLS.

Au contraire : les années sont les quartiers de noblesse de l'amitié ; l'amour seul n'a pas besoin de généalogie. Mais je fus bien surpris, à mon retour, de vous trouver mariée.

Mᵐᵉ DE MERSAN.

Il n'y avait pourtant là rien de bien inattendu.

M. DE VERSOLS.

Surpris, non .. mais... enfin je me comprends.

Mᵐᵉ DE MERSAN.

Et cette surprise vous empêcha apparemment
de venir me voir. J'ai bonne mémoire, moi
aussi.

M. DE VERSOLS.

Vous êtes mille fois aimable de vous en être
aperçue. Mais ce fut plus fort que moi. Je vous
voyais dans ma pensée toujours jeune fille, et je
ne pouvais me figurer que vous étiez autre. Je
n'avais pas non plus l'honneur de connaître
M. de Mersan, votre mari, et l'idée ne me vint
pas de me faire présenter à lui.

Mᵐᵉ DE MERSAN.

Et grand tort vous eûtes là; j'aurais eu le
plaisir de vous voir, et vous en auriez eu à
connaître M. de Mersan. Bien que de beaucoup plus âgé que moi, pouvant être presque
mon père, il avait toute la bienveillance, tout le
charme de la jeunesse. Notre union fut courte.
Au bout d'un an j'eus le malheur de le perdre;
vous étiez en Allemagne alors. — Mais son
souvenir me sera toujours cher et précieux.

M. DE VERSOLS.

Il y a trois mois, je vous rencontrai chez
Mᵐᵉ de Bernois. J'avais un peu peur de vous.
Vous eûtes l'obligeance de me reconnaître.

Mme DE MERSAN.

Est-ce qu'on oublie ses premiers danseurs ?
C'est comme la première toilette de bal.

M. DE VERSOLS.

Merci de l'association. Et cependant il eût
peut-être mieux valu pour moi ne pas aller chez
Mme de Bernois.

Mme DE MERSAN.

C'est poli ce que vous dites là.

M. DE VERSOLS.

Ne le prenez pas mal. Pour nous autres des-
tinés à vivre à l'étranger, à n'être à Paris que
des oiseaux de passage, il serait plus prudent de
n'y jamais revenir, ou pour quelques jours seulement. Quand je reviendrai, vous serez rema-
riée sans doute ?

Mme DE MERSAN.

Qui le sait ? Le veuvage, c'est la vie de garçon
des femmes.

M. DE VERSOLS.

Ainsi vous ne voulez pas vous remarier ?

Mme DE MERSAN.

Je n'ai pas dit cela. Mais ce n'est pas de mon
mariage dans les brouillards qu'il s'agissait. Ne
me disiez-vous pas tout à l'heure que vous son-

giez à vous marier ? Faites la confidence entière : qui épousez-vous ? Votre fiancée est-elle bien belle ? c'est le luxe ; bien riche ? c'est le nécessaire.

M. DE VERSOLS.

Ne parlons pas de moi... j'étais fou... Je ne me marierai jamais.

Mme DE MERSAN.

Quelle résolution soudaine ! Vous n'avez pas la moindre suite dans les idées, monsieur le premier secrétaire, et je frémis de savoir les destinées des peuples à votre merci. (*Moment de silence.* — Mme *de Mersan reprend.*) A quoi pensez-vous là ? Composez-vous des vers, ruminez-vous un traité ?

M. DE VERSOLS.

Pardon, je rêvais...

Mme DE MERSAN.

Le rêve, c'est l'intelligence du sommeil... Que je ne vous dérange pas.

M. DE VERSOLS.

Me permettez-vous de vous le dire ?

Mme DE MERSAN.

Inutile, je le connais d'avance : le rêve de tout secrétaire n'est-il pas de devenir ministre ?

10.

M. DE VERSOLS.

Ce n'est pas tout à fait là ce que je rêvais. Et pourtant mieux que personne vous pourriez y lire mon avenir. Je voyais d'abord une jeune fille, belle, belle comme vous, madame. Tout à coup des diamants brillent à son cou, dans ses cheveux. La jeune fille est une femme. Tout à coup encore plus de diamants, plus de parure : une robe noire, des vêtements de deuil.

Mme DE MERSAN.

Donnez-moi mon éventail.

M. DE VERSOLS, lui donnant l'éventail.

J'aimais cette jeune fille, mais elle était si angélique, que mon amour, timide comme ce qui est vrai, n'eut d'autre confident que lui-même. Quand je la sus mariée, mon cœur s'attrista et pleura longtemps. J'essayai de l'oublier, mais son souvenir fut le plus fort. Veuve...

Mme DE MERSAN.

Ah ! elle est veuve ?

M. DE VERSOLS.

J'étais aussi craintif. Je cherchais dans ses yeux un regard, dans sa voix une inflexion qui semblassent me dire : Courage ! Sans eux je n'osais rien.

Mme DE MERSAN.

Et vous vous êtes réveillé avant d'avoir une

réponse. Les rêves n'en font pas d'autres.

(M. de Versols soupire.)

Mme DE MERSAN.

Quel soupir! J'ai lu quelque part que les soupirs étaient les bâillements du cœur. La définition est jolie, n'est-ce pas ?

M. DE VERSOLS.

Très-jolie. Mais, de grâce, épargnez-moi.

Mme DE MERSAN.

Mon cher monsieur de Versols, vous êtes impraticable. Vous me contez un rêve très-compliqué. J'écoute avec recueillement, et parce que je me permets de sourire, vous vous récriez. Faut-il donc pleurer? Ce serait beaucoup exiger avant un bal.

M. DE VERSOLS.

Vous tenez à ce bal ?

Mme DE MERSAN.

Ma toilette répond oui. On dit du reste qu'il sera fort brillant.

M. DE VERSOLS.

C'est si bon de causer tranquillement au coin du feu... au lieu de se mettre dans une voiture bien froide et de voir à travers les glaces la pluie tomber et le dos de mauvaise humeur du cocher qui la reçoit; puis, pour prix de tant d'efforts et

de patience, se ranger en espalier par une tem-
pérature de serre chaude, ou bien tourner dans
un rond comme les bonshommes des orgues de
Barbarie. L'on est bien mieux ici !

Mme DE MERSAN.

A écouter vos rêves, n'est-ce pas ?

M. DE VERSOLS.

Je parle en égoïste, j'en conviens; mais j'ai si
peu de temps à vous voir encore.

Mme DE MERSAN.

Sérieusement, vous quittez Paris ?

M. DE VERSOLS.

Le plus sérieusement du monde, en compagnie
de dépêches et de protocoles.

Mme DE MERSAN.

Les protocoles voyageront bien sans vous,
et je parie que dans deux mois vous serez encore
ici.

M. DE VERSOLS.

Vous perdriez; je pars irrévocablement.

Mme DE MERSAN.

Je n'en crois pas un mot. Vous autres diplo-
mates vous partez toujours la semaine pro-
chaine.

M. DE VERSOLS, *tirant une lettre de sa poche et la présentant à Mme de Mersan.*

Voyez plutôt la lettre du ministre.

Mme DE MERSAN, *repoussant la lettre.*

Vous me traitez comme un gendarme maintenant.

M. DE VERSOLS.

Il faut bien que je montre mes papiers, puisqu'on ne veut pas me croire sur ma bonne mine.

Mme DE MERSAN.

Montrez comment c'est fait une lettre de ministre. (*Versols lui donne la lettre ; Mme de Mersan la lit rapidement et la rend à Versols. — A part.*) Il part vraiment...

M. DE VERSOLS, *reprenant la lettre, à part.*

On dirait que sa main a tremblé. (*Haut.*) Doutez-vous encore?

Mme DE MERSAN.

Vous trouverez au dernier moment quelque prétexte pour retarder votre départ.

M. DE VERSOLS.

Impossible ! Il nous est défendu d'avoir de l'imagination.

Mme DE MERSAN.

Eh bien, je vous plains un peu : quitter Paris

au milieu de l'hiver, des bals, des soirées, laisser votre club, manquer les courses du printemps, il y a de quoi être navré !

M. DE VERSOLS.

Mon regret est plus ambitieux : il s'adresse à une seule personne.

Mme DE MERSAN.

Oh ! voilà une personne à qui l'orgueil va faire tourner la tête ; ménagez-la.

M. DE VERSOLS.

Elle ignore mes sentiments, ou plutôt elle ne veut pas les apprendre. Elle me raille comme vous le faites, et se soucie fort peu de moi.

Mme DE MERSAN.

Qu'en savez-vous, puisque vous n'avez pas encore parlé ?

M. DE VERSOLS.

Là où il n'y a pas d'écho, la voix se perd ; et son indifférence est une preuve...

Mme DE MERSAN.

Son indifférence... est peut-être feinte, et le carnaval fini, son masque tombera.

M. DE VERSOLS.

Oh ! le sien me paraît noué solidement.

Mme DE MERSAN.

Prenez des ciseaux ou une épée, comme Alexandre.

M. DE VERSOLS, appuyant sur les mots.

Me le conseillez-vous ?

Mme DE MERSAN, reprenant un air froid.

Je ne conseille rien, je ne connais pas cette personne.

M. DE VERSOLS.

Et si je vous disais que vous la connaissez?

(La pendule sonne.

Mme DE MERSAN.

Quelle heure sonne-t-il là?

M. DE VERSOLS.

Onze heures.

Mme DE MERSAN.

Onze heures! Mais j'arriverai demain à mon bal!

M. DE VERSOLS.

Vous y allez?

Mme DE MERSAN.

Eh! je n'en sais rien, et n'était mon oncle que je dois prendre...

M. DE VERSOLS.

Croyez-vous qu'il désire énormément aller à
ce bal?

Mme DE MERSAN.

Non, certes, et il doit faire des économies de
sommeil en m'attendant.

M. DE VERSOLS.

Laissez-le thésauriser, et faites-le prévenir.

Mme DE MERSAN.

Que je lui rends sa liberté. Il trouvera que le
bien lui est venu en dormant.

M. DE VERSOLS.

Faites-lui cette surprise, il vous sera si recon-
naissant...

Mme DE MERSAN.

Et vous vous chargez par avance de me témoigner sa gratitude?

M. DE VERSOLS.

Voyons, vous dites oui?

Mme DE MERSAN.

Il le faut bien... pour plaire à mon oncle...

M. DE VERSOLS, approchant le guéridon.

Tenez, voilà du papier, de l'encre, écrivez...

Mme DE MERSAN, *écrivant et pliant la lettre.*

Allumez une bougie... Donnez-moi la cire... Sonnez maintenant.

(M. de Versols sonne. — Un domestique entre.)

Mme DE MERSAN, *au domestique.*

Portez tout de suite ce billet à M. de Morandy.— Ah! dites au cocher qu'il peut dételer. — *(Le domestique sort. Mme de Mersan se tournant vers M. de Versols:)* Êtes-vous satisfait et fait-on assez ce que vous voulez?

M. DE VERSOLS.

Vous êtes adorable.

(Il lui prend la main et veut la baiser.)

Mme DE MERSAN, *la retirant.*

Non, c'est inutile.

M. DE VERSOLS.

Au nom de monsieur votre oncle!

(Un moment de silence. — M. de Versols est pensif.)

Mme DE MERSAN.

Eh bien! voilà votre mélancolie qui vous reprend! Avez-vous encore quelque chose à demander?... Ce serait du despotisme.

M. DE VERSOLS.

Je rêvais.

Mme DE MERSAN.

Toujours ? Mais vous habitez décidément un nuage, et l'on va vous envoyer en mission dans la lune.

M. DE VERSOLS.

Je suis amoureux.

Mme DE MERSAN.

Ah ! bon Dieu, il est minuit, c'est l'heure des revenants. Mais est-ce le même rêve que tout à l'heure, ou bien un autre ?... Il faut avertir son monde.

M. DE VERSOLS.

La continuation du rêve.

Mme DE MERSAN.

Comme dans un feuilleton.

M. DE VERSOLS.

Eh bien ! oui, suite et fin... Je ne sais si c'était présomption, mais il me semblait que le courage me venait tout à coup. — Tout à coup je pouvais parler, et mon secret échappait à mes lèvres enhardies. J'osais dire à cette femme combien je l'aimais, que je l'aimerais toujours, et qu'elle avait entre ses mains le bonheur de ma vie entière.

Mme DE MERSAN.

Vous lui disiez tout cela ?

M. DE VERSOLS.

Oui, et du fond du cœur.

Mme DE MERSAN.

Et que vous répondait-elle ?

M. DE VERSOLS, se mettant à genoux.

Oh ! madame, je vous le demande...

Mme DE MERSAN, lui abandonnant sa main.

Vous partez pour l'Italie, n'est-ce pas ?

M. DE VERSOLS, se relevant.

Oui, mais pourquoi cette question ?

Mme DE MERSAN, avec abandon.

J'ai toujours désiré aller en Italie.

(M. de Versols, radieux, lui baise la main.)

(La toile tombe.)

TABLE

Imprimé nouvellement

A PARIS, PAR D. JOUAUST

et achevé en M DCCC LXVI

le trentième jour

de novembre